새로운 도□□□
다양한 지□□□
동양북스
홈페이지에서
만나보세요!

KB176223

www.dongyangbooks.com
m.dongyangbooks.com

홈페이지 도서 자료실에서 학습자료 및 MP3 무료 다운로드

PC

≡ 도서목록 　도서 자료실 　고객센터

❶ 홈페이지 접속 후 **도서 자료실** 클릭
❷ 하단 검색 창에 검색어 입력
❸ MP3, 정답과 해설, 부가자료 등 첨부파일 다운로드

* 원하는 자료가 없는 경우 '요청하기' 클릭!

MOBILE

* 반드시 '인터넷, Safari, Chrome' App을 이용하여 홈페이지에 접속해주세요. (네이버,
다음 App 이용 시 첨부파일의 확장자명이 변경되어 저장되는 오류가 발생할 수 있습니다.)

❶ 홈페이지 접속 후 ≡ 터치

❷ 도서 자료실 터치

❸ 하단 검색창에 검색어 입력
❹ MP3, 정답과 해설, 부가자료 등 첨부파일 다운로드

* 압축 해제 방법은 '다운로드 Tip' 참고

미래와 통하는 책

가장 쉬운 독학
일본어 첫걸음
14,000원

버전업! 굿모닝
독학 일본어 첫걸음
14,500원

일단 합격하고 오겠습니다
JLPT 일본어능력시험 N3
26,000원

일본어 100문장 암기하고
왕초보 탈출하기
13,500원

가장 쉬운 독학
중국어 첫걸음
14,000원

가장 쉬운 중국어
첫걸음의 모든 것
14,500원

일단 합격 新HSK
한 권이면 끝! 4급
24,000원

중국어
지금 시작해
14,500원

영어를 해석하지 않고
읽는 법
15,500원

미국식
영작문 수업
14,500원

세상에서 제일 쉬운
10문장 영어회화
13,500원

영어회화
순간패턴 200
14,500원

가장 쉬운 독학
베트남어 첫걸음
15,000원

가장 쉬운 독학
프랑스어 첫걸음
16,500원

가장 쉬운 독학
스페인어 첫걸음
15,000원

가장 쉬운 독학
독일어 첫걸음
17,000원

동양북스 베스트 도서

THE
GOAL 1
22,000원

인스타
브레인
15,000원

직장인, 100만 원으로
주식투자 하기
17,500원

당신의 어린 시절이
울고 있다
13,800원

놀면서 스마트해지는 두뇌 자극
플레이북 딴짓거리 EASY
12,500원

죽기 전까지
병원 갈 일 없는 스트레칭
13,500원

가장 쉬운 독학
이세돌 바둑 첫걸음
16,500원

누가 봐도 괜찮은 손글씨 쓰는
법을 하나씩 하나씩 알기 쉽게
13,500원

가장 쉬운 초등 필수 파닉스
하루 한 장의 기적
14,000원

가장 쉬운 알파벳 쓰기
하루 한 장의 기적
12,000원

가장 쉬운 영어 발음기호
하루 한 장의 기적
12,500원

가장 쉬운 초등한자 따라쓰기
하루 한 장의 기적
9,500원

세상에서 제일 쉬운
엄마표 생활영어
12,500원

세상에서 제일 쉬운
엄마표 영어놀이
13,500원

창의쑥쑥 환이맘의
엄마표 놀이육아
14,500원

동양북스
www.dongyangbooks.com
m.dongyangbooks.com

가장 쉬운 독학
일본어 필수한자

지은이 **이수길**

동양북스

가장 쉬운 독학
일본어 필수한자

초판 3쇄 | 2022년 1월 5일

지은이 | 이수길
발행인 | 김태웅
편 집 | 길혜진, 이선민
디자인 | 남은혜, 신효선
마케팅 | 나재승
제 작 | 현대순

발행처 | (주)동양북스
등 록 | 제 2014-000055호
주 소 | 서울시 마포구 동교로22길 14 (04030)
구입문의 | 전화 (02)337-1737   팩스 (02)334-6624
내용문의 | 전화 (02)337-1762   dybooks2@gmail.com

ISBN 979-11-5768-353-6 03730

이 도서의 국립중앙도서관 출판예정도서목록(CIP)은 서지정보유통지원시스템 홈페이지(http://seoji.nl.go.kr)와 국가자료공동목록시스템
(http://www.nl.go.kr/kolisnet)에서 이용하실 수 있습니다.
(CIP제어번호:CIP2018004370)

머리말

일본어를 학습하는 학습자들에게 "일본어는 쉽습니까?"라고 질문을 해보면 상당수의 학습자는 처음에는 쉬운데 점차적으로 학습이 진행될수록 어렵다고 말한다. 학습적 난관으로는 첫 번째가 한자의 벽이고 두 번째가 문법적 난해함이다. 문법적인 것은 한국어와 어순이 같은 맥락에서 보면 충분히 극복할 수 있는 가벼운 벽이다. 그러나 한자의 벽은 일본어 전공자를 불문하고 학습자 누구에게나 스트레스로 작용한다. 그 대표적인 이유는 한글세대라는 점이고 실생활에서 한자를 접하지도 않고 생활화도 하지 않는 곳에 있다고 할 수 있다. 반대로 일본 사람들은 태어나면서부터 실생활에서 한자를 쓰고 말하기 때문에 쉽게 접근이 가능한 것이다.

듣고 말하고 읽고 쓰고 하는 언어의 기능 중에서 어느 하나라도 빠져서는 완벽한 언어가 만들어지지 않는다. 그중에 하나라도 작동이 안 되면 그것은 곧 환자가 되는 것과 마찬가지다. 일본 사람들이 일상생활에서 일본어 한자를 생활화한다는 것은 그들의 언어이기 때문에 그렇다. 가령 한자를 쓰지 않고 히라가나로만 문장을 나열한다면 의미 전달이 불투명해지고 의사소통이 잘 안 될 것이다. 그렇다면 일본어 학습자들의 자세도 듣고 말하고 읽기로만 끝나는 것이 아닌 최종적으로 쓰기까지 가능해야만 하는 것이 당연한 일이다. 그래야 완벽한 일본어 기능이 만들어지고 제대로 된 의사소통이 가능한 것이다.

일본의 상용한자는 2,136자로 정해져 있고 그중에서 초등학교에서 6년간 학습하는 한자는 1,006자이다. 상용한자의 절반은 초등학교 교육에서 습득하고 실생활에서도 활용하고 있다는 것이다. 따라서 일본 초등학교에서 배우는 한자 1,006자를 완벽 통달한다는 것은 일본어 능력을 향상시키고 돌파해야 하는 과정에서는 가장 중요한 단계라고 할 수 있다. 1,006자의 한자 속에는 무수한 명사 단어가 파생되고 동사는 물론 형용사까지도 한꺼번에 통달할 수 있는 능력이 만들어지는 것이다. 따라서 일본 초등학교 교육한자 1,006자를 몰라서는 일본어의 기초는 물론 수준 높은 실력이 만들어질 수 없다는 것을 의미한다. 그러한 맥락에서 본서는 일본 초등학교에서 배우는 1,006자 모든 한자에 우리말 뜻과 음은 물론이고 일본어 음독과 훈독의 예제 단어 그리고 그와 관련된 적합한 예문을 곁들이고 있다. 한자마다 몇 학년 한자인지 쉽게 알아볼 수 있도록 표기했으며 전체 구성을 주제별로 구분해서 정리했다는 것이 이 책의 특징이다. 그뿐만 아니라 언어기능의 최종 마무리 단계인 쓰기 기능 향상에 도움을 주기 위해 쓰기 노트를 PDF파일로 별도 제공하고 있다.

이 책을 선택하신 모든 학습자 여러분은 탁월한 선택과 함께 일본어가 쉽다는 마인드가 형성되어 일본어 인터넷상의 정보는 물론 일본어 소설까지도 술술 읽혀 가는 재미를 느끼게 될 것입니다. 이수길은 그런 학습자들을 위한 길라잡이 역할로 보람을 느끼고 배가 부르고 살이 찝니다. 끝으로 이 책을 위해 애정을 가지고 최고의 편집으로 출간해주신 동양북스 사장님을 비롯해 편집부 직원 여러분께 심심한 감사의 말씀을 올립니다. 대단히 감사합니다.

2018년 2월 좋은 날
저자 이 수길(李 秀吉)

이 책의 구성

기본 구성

이 책은 일본 문부과학성이 지정한 초등학교 교육한자 1006자를 주제별로 분류하였고, 단어가 되는 한자를 우선으로 하여 배열하였습니다.

❶ 학년 표기: 몇 학년 교육 한자인지 학년을 표기하였습니다.

❷ 표제자: 한 눈에 들어오도록 크게 표기하였습니다.

❸ 한글 음과 훈: 우리나라에서 사용하는 한자의 음과 훈을 표기하고 일본에서만 사용되는 한자에는 '일본 한자'라고 표기하였습니다.

❹ 획수: 한자의 총 획수를 표기하였습니다.

❺ 일본어 음과 훈: 일본에서 사용하는 한자의 음과 훈을 정리하였습니다. 거의 쓰이지 않는 것은 일부 생략 하였으며 각각의 예제 단어도 함께 정리하였습니다.

❻ 예문: 한자 한 개당 2개의 예문을 제시하였습니다.

❼ 예외: 본래의 음훈과는 다르게 예외적으로 발음되는 단어를 표기하였습니다.

❽ tip: 왼쪽에 정리된 내용에서 참고로 알아두면 좋은 내용을 정리하였습니다.

❾ 교육 한자가 사용된 예제 단어를 위에 표기하였습니다. 잘 기억하고 있는지 눈으로 확인한 후, 다음 한자를 학습해 보세요.

가장 복잡한 한자 따라 써 보기

본문 중간 중간에 등장하는 쓰기 연습 코너입니다. 해당 단원에서 가장 획순이 많은 한자를 골라 순서에 맞게 써 보는 연습을 해 보세요

가장 복잡한 한자 따라 써보기

획순을 보고 따라 써 봅시다.

識
알다 **식**

※한자의 획순은 왼쪽에서 오른쪽으로, 위에서 아래로 쓰는 것을 기본으로 합니다.

확인 문제

한 과의 학습이 끝나면 다양한 유형의 확인 문제를 풀어보며 앞에서 배운 한자들을 잘 기억하고 있는지 확인해 보세요.

쓰기 노트 자료

동양북스 홈페이지의 도서자료실에서 쓰기 노트 자료를 다운로드할 수 있습니다. 자유롭게 출력하여 1006자의 한자 쓰기를 연습해 볼 수 있습니다. 획순을 따라 쓰며 한자를 익혀보세요.

차례

일본어
한자
익히기

반대어 I

前	後	左	右	大	小
앞 **전**	나중 **후**	왼쪽 **좌**	오른쪽 **우**	크다 **대**	작다 **소**
多	少	上	下	出	入
많다 **다**	적다 **소**	위 **상**	아래 **하**	나가다 **출**	들다 **입**
老	若	男	女	売	買
늙다 **로**	만약 **약**	사내 **남**	계집 **녀**	팔다 **매**	사다 **매**
内	外	勝	敗	新	旧
안 **내**	바깥 **외**	이기다 **승**	지다 **패**	새롭다 **신**	옛 **구**

前

2학년

앞 **전**
9획

음 ぜん
午前 오전　事前 사전　前後 전후　前進 전진　面前 면전

훈 まえ
名前 이름　前 앞　前髪 앞머리　前向き 긍정적

事前に言ってください。 사전에 말해 주세요.
前向きに考えましょう。 긍정적으로 생각합시다.

後

2학년

나중 **후**
9획

음 ご / こう
午後 오후　後日 후일　前後 전후　直後 직후　後悔 후회

훈 あと / うしろ / のち
後 뒤(시간)　後 뒤(공간)　後ほど 나중에

午後 2時に会議があります。 오후 2시에 회의가 있습니다.
後で、また来ます。 나중에 다시 오겠습니다.

tip
「ごご」의 발음을 강하게
하면 「ここ(여기)」의 음으
로 잘못 전달되는 경우가
있다.

左

1학년

왼쪽 **좌**
5획

음 さ
左折 좌회전　左腕 좌완

훈 ひだり
左手 왼손

あそこで左折してください。 저기에서 좌회전해 주세요.
左手を挙げてください。 왼손을 들어 주세요.

右

1학년

오른쪽 **우**
5획

음 う
右折 우회전　左右 좌우

훈 みぎ
右 오른쪽

tip
「-方」는 방향을 말할 때는
「-ほう」, 사람 및 수단·
방법을 말할 때는 「-かた」
로 발음된다.

一生を左右します。 일생을 좌우합니다.
右の方を見てください。 오른쪽을 보세요.

1학년	

大
크다 **대**
3획

음 だい / たい
たいしゅう
大衆 대중　だいがく
大学 대학

훈 おおきい
おお
大きい 크다

예외 おとな
大人 어른

だいがく　はい
大学に入りました。대학에 들어갔습니다.
すこ　おお
少し大きいです。조금 큽니다.

1학년	

小
작다 **소**
3획

음 しょう / こ / お
しょうしん
小心 소심　こぎって
小切手 수표　おがわ
小川 작은 시내　だいしょう
大小 대소

훈 ちいさい
ちい
小さい 작다

예외 あずき
小豆 팥

かれ　しょうしん　ひと
彼は小心な人です。그는 소심한 사람입니다.
こども　せ　ちい
子供は背が小さいです。어린이는 키가 작습니다.

2학년	

多
많다 **다**
6획

음 た
かた
過多 과다　たぶん
多分 아마도　たよう
多用 다용　たりょう
多量

훈 おおい
おお
多い 많다

たりょう　かね　い
多量のお金が要ります。다량의 돈이 필요합니다.
にほん　い　ひと　おお
日本へ行きたい人が多くいます。일본에 가고 싶은 사람이 많이 있습니다.

2학년	

少
적다 **소**
4획

음 しょう
しょうねん
少年 소년　せいしょうねん
青少年 청소년　ねんしょうしゃ
年少者 연소자　たしょう
多少 다소

훈 すくない / すこし
すく
少ない 적다　すこ
少し 조금

ねんしょうしゃ　にゅうじょうきんし
年少者は入場禁止です。연소자는 입장 금지입니다.
りょう　すく
量が少ないです。양이 적습니다.

上 위 상
3획
1학년

음 ▶ じょう / しょう
海上 해상　最上 최상

훈 ▶ うえ / うわ / かみ / あげる / あがる / のぼる
身の上 신상, 처지　上着 상의, 윗도리　川上 강의 상류　上げる 올리다
上がる 오르다　上る 오르다

最上階にはレストランがあります。 최상층에는 레스토랑이 있습니다.
四階に上がります。 4층으로 올라갑니다.

下 아래 하
3획
1학년

음 ▶ か / げ
下流 하류　上下 상하　下車 하차

훈 ▶ した / しも / さげる / くだる / おりる
木の下 나무 아래　下期 하반기　下げる 낮추다, 떨어뜨리다　下る 내려가다　下りる 내리다, 내려오다

下流の水は汚れています。 하류의 물은 더럽혀져 있습니다.
木の下で遊んでいます。 나무 아래에서 놀고 있습니다.

出 나가다 출
5획
1학년

음 ▶ しゅつ
出発 출발　輸出 수출

훈 ▶ でる / だす
出る 나가다　出す 내다, 제출하다

예외 ▶ 出納 출납

今、出発します。 지금 출발합니다.
お金を出してください。 돈을 내 주세요.

入 들다 입
2획
1학년

음 ▶ にゅう
入学 입학　入院 입원　入室 입실

훈 ▶ いれる / いる / はいる
入れる 넣다　入る 들어가다, 들어오다　入る 들어오다　出入り 출입

今年、入学しました。 올해 입학했습니다.
手を入れてください。 손을 넣어 주세요.

老 늙다 로 (6획) — 4학년

음 ろう
長老 장로　老人 노인　老化 노화

훈 おいる / ふける
老いる 늙다　老ける 늙다, 나이 먹다

老人のための施設です。 노인을 위한 시설입니다.
体が老いて力が出ません。 몸이 늙어서 힘이 나지 않습니다.

若 만약 약 (8획) — 6학년

음 じゃく / にゃ
若干 약간
老若男女(ろうにゃくなんにょ・ろうじゃくだんじょ) 남녀노소

훈 わかい / もしくは
若い 젊다

この商品は老若男女を問わず人気があります。
이 상품은 남녀노소를 불문하고 인기가 있습니다.
まだ年が若いです。 아직 나이가 젊습니다.

男 사내 남 (7획) — 4학년

음 だん
男児 남아　男性 남성

훈 おとこ
男 남자

女性より男性の力が強いです。 여성보다 남성의 힘이 강합니다.
男の人生は辛いです。 남자의 인생은 고통스럽습니다.

女 계집 녀 (3획) — 1학년

음 じょ / にょ / にょう
女子 여자　彼女 그녀　長女 장녀　女房 집사람

훈 おんな / め
女 여자　乙女 소녀

彼女は長女です。 그녀는 장녀입니다.
世の中は男と女でできています。 세상은 남자와 여자로 이루어져 있습니다..

2학년

売
팔다 **매**
7획

음 ▶ **ばい**
発売 발매　売店 매점

훈 ▶ **うる**
売る 팔다　売れる 팔리다

きっぷ発売機で買ってください。표 발매기에서 사세요.
売る人はお金をもらいます。파는 사람은 돈을 받습니다.

2학년

買
사다 **매**
12획

음 ▶ **ばい**
売買 매매　購買 구매

훈 ▶ **かう**
買う 사다　買い物 쇼핑

景気が悪くて購買力がありません。경기가 나빠서 구매력이 없습니다.
デパートへ買い物に行きます。백화점에 쇼핑하러 갑니다.

2학년

内
안 **내**
4획

음 ▶ **ない / だい**
案内 안내　家内 아내　境内 경내　内乱 내란

훈 ▶ **うち**
内 안(쪽)

案内してあげます。안내해 드리겠습니다.
内側に置いてください。안쪽에 놓아 주세요.

2학년

外
바깥 **외**
5획

음 ▶ **がい / げ**
外食 외식　外来 외래　外国 외국　内外 내외　外科 외과

훈 ▶ **そと / ほか / はずす / はずれる**
外 바깥　その外 그 외　外す 떼어내다, 분리시키다
外れる 떨어지다, 빗나가다

いつも外食でお金が足りません。언제나 외식으로 돈이 부족합니다.
外には雨が降っています。밖에는 비가 내리고 있습니다.

3학년

勝

이기다 **승**

12획

음 しょう

<ruby>圧勝<rt>あっしょう</rt></ruby> 압승　<ruby>勝利<rt>しょうり</rt></ruby> 승리　<ruby>優勝<rt>ゆうしょう</rt></ruby> 우승

훈 かつ / かてる

<ruby>勝<rt>か</rt></ruby>つ 이기다　<ruby>勝<rt>か</rt></ruby>てる 이길 수 있다

<ruby>全国大会<rt>ぜんこくたいかい</rt></ruby>で<ruby>優勝<rt>ゆうしょう</rt></ruby>しました。 전국대회에서 우승했습니다.

<ruby>勝<rt>か</rt></ruby>ち<ruby>方<rt>かた</rt></ruby>が<ruby>分<rt>わ</rt></ruby>かりました。 이기는 법을 알았습니다.

4학년

敗

지다 **패**

11획

음 はい

<ruby>失敗<rt>しっぱい</rt></ruby> 실패　<ruby>勝敗<rt>しょうはい</rt></ruby> 승패　<ruby>敗戦<rt>はいせん</rt></ruby> 패전　<ruby>腐敗<rt>ふはい</rt></ruby> 부패

훈 やぶれる

<ruby>敗<rt>やぶ</rt></ruby>れる 패하다, 지다

<ruby>腐敗<rt>ふはい</rt></ruby>した<ruby>社会<rt>しゃかい</rt></ruby>に<ruby>発展<rt>はってん</rt></ruby>はありません。 부패한 사회에 발전은 없습니다.

ドイツのサッカーに<ruby>敗<rt>やぶ</rt></ruby>れました。 독일 축구에 패했습니다.

2학년

新

새롭다 **신**

5획

음 しん

<ruby>新鮮<rt>しんせん</rt></ruby> 신선　<ruby>新設<rt>しんせつ</rt></ruby> 신설　<ruby>新郎<rt>しんろう</rt></ruby> 신랑

훈 あたらしい / あらた

<ruby>新<rt>あたら</rt></ruby>しい 새롭다　<ruby>新<rt>あら</rt></ruby>たな 새로운

예외 <ruby>新潟<rt>にいがた</rt></ruby> 니이가타(지명)

<ruby>新鮮<rt>しんせん</rt></ruby>な<ruby>魚<rt>さかな</rt></ruby>を<ruby>選<rt>えら</rt></ruby>んでください。 신선한 생선을 골라 주세요.

<ruby>新<rt>あたら</rt></ruby>しい<ruby>人生<rt>じんせい</rt></ruby>を<ruby>始<rt>はじ</rt></ruby>めました。 새로운 인생을 시작했습니다.

5학년

옛 **구**

8획

음 きゅう

<ruby>旧来<rt>きゅうらい</rt></ruby> 구래　<ruby>新旧<rt>しんきゅう</rt></ruby> 신구　<ruby>復旧<rt>ふっきゅう</rt></ruby> 복구

<ruby>新旧<rt>しんきゅう</rt></ruby>の<ruby>世代<rt>せだい</rt></ruby>が<ruby>交替<rt>こうたい</rt></ruby>されました。 신구 세대가 교체되었습니다.

<ruby>復旧<rt>ふっきゅう</rt></ruby><ruby>作業<rt>さぎょう</rt></ruby>の<ruby>最中<rt>さいちゅう</rt></ruby>です。 복구 작업이 한창입니다.

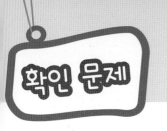
아래에서 단어가 되는 한자의 짝을 찾아 빈 칸에 써 보세요.

下　買　内

女　出　後　勝

左　旧　大

❶ 前 ☐

❷ 売 ☐

❸ 上 ☐

❹ 男 ☐

❺ 新 ☐

❻ ☐ 右

❼ ☐ 小

❽ ☐ 入

❾ ☐ 外

❿ ☐ 敗

반대어 II

強	弱	有	無	明	暗
강하다 **강**	약하다 **약**	있다 **유**	없다 **무**	밝다 **명**	어둡다 **암**
高	低	損	得	授	受
높다 **고**	낮다 **저**	덜다 **손**	얻다 **득**	주다 **수**	받다 **수**
貧	富	縱	橫	往	来
가난하다 **빈**	넉넉하다 **부**	세로 **종**	가로 **횡**	가다 **왕**	오다 **래**
開	閉	始	終	善	惡
열다 **개**	닫다 **폐**	처음 **시**	끝 **종**	착하다 **선**	나쁘다 **악**
深	浅				
깊다 **심**	얕다 **천**				

2학년

強
강하다 **강**
11획

음 きょう / ごう

きょうせい 強制 강제　きょうりょく 強力 강력　ごうとう 強盗 강도　ごういん 強引に 억지로

훈 つよい

つよ 強い 강하다　つよ 強まる 강해지다　つよ 強める 강하게 하다

きょうりょく ちから で 強力な力が出ました。 강력한 힘이 났습니다.
つよ せいしんりょく つく 強い精神力を作ります。 강한 정신력을 만듭니다.

2학년

弱
약하다 **약**
10획

음 じゃく

なんじゃく 軟弱 연약　じゃくたい 弱体 약체　ひんじゃく 貧弱 빈약　ごうじゃく 強弱 강약

훈 よわい / よわる / よわまる / よわめる

よわ 弱い 약하다　よわ 弱る 약해지다　よわ 弱まる 약해지다　よわ 弱める 약하게 하다
よわよわ 弱々しい 빈약하다

ひんじゃく ぶんしょう あまりにも貧弱な文章です。 너무나도 빈약한 문장입니다.
こころ よわ 心を弱くしないでください。 마음을 약하게 먹지 마세요.

3학년

有
있다 **유**
6획

음 う / ゆう

う む 有無 유무　しょゆう 所有 소유　ゆうこう 有効 유효　ゆうめい 有名 유명　ゆうり 有利 유리

훈 ある

あ 有る 있다

ゆうめい かしゅ うた 有名な歌手が歌っています。 유명한 가수가 노래하고 있습니다.
ゆうき あ もの か 勇気の有る者が勝ちます。 용기 있는 자가 이깁니다.

4학년

無
없다 **무**
12획

음 ぶ / む

ぶれい 無礼 무례　むごん 無言 무언　むじょう 無情 무정　むり 無理 무리

훈 ない / なくす

な 無い 없다　な 無くす 없애다

むじょう さ 無情に去っていきました。 무정하게 떠나갔습니다.
にんじょう ひと つめ 人情がない人は冷たいです。 인정이 없는 사람은 차갑습니다.

2학년

明
밝다 **명**
8획

음▶ **めい**
発明 발명　明確 명확　明示 명시

훈▶ **あかるい / あきらか**
明るい 밝다　明らかに 밝게, 분명히

明確に言ってください。 명확하게 말해 주세요.
彼女の性格は明るいです。 그녀의 성격은 밝습니다.

3학년

暗
어둡다 **암**
13획

음▶ **あん**
暗黒 암흑　明暗 명암

훈▶ **くらい**
暗い 어둡다

暗黒の世界です。 암흑 세계입니다.
外が暗くなりました。 밖이 어두워졌습니다.

2학년

高
높다 **고**
10획

음▶ **こう**
高校 고등학교　高価 고가격　高齢 고령

훈▶ **たかい / たかまる / たかめる**
高い 높다　高まる 높아지다　高める 높이다

today tip
값을 말할 때의 「高い」는
'(값이)비싸다'로 활용된다.

今年、高校を出ました。 올해 고등학교를 나왔습니다.
富士山は日本で一番高い山です。 후지산은 일본에서 가장 높은 산입니다.

4학년

低
낮다 **저**
7획

음▶ **てい**
高低 고저　最低 최저

훈▶ **ひくい**
低い 낮다　低める 낮게하다

最低の温度をチェックしてみましょう。 최저 온도를 체크해 봅시다.
背が低い人は足も短いです。 키가 작은 사람은 다리도 짧습니다.

損

5학년

덜다 **손**
13획

음 そん

欠損 결손　損益 손익　損害 손해　損傷 손상

훈 そこなう

損なう 손상하다　見損なう 잘못 보다

損害賠償を請求しました。 손해배상을 청구했습니다.
盗作なんて、彼を見損ないました。 도작이라니 그를 잘못 봤습니다.

得

4학년

얻다 **득**
11획

음 とく

説得 설득　利得 이득　得点 득점　納得 납득　得意 가장 숙련된
損得 득실

훈 える / うる

得る 얻다　あり得る 있을 수 있다

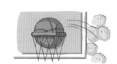

どうしても納得が行きません。 도저히 납득이 가지 않습니다.
旅行は得るものが多いです。 여행은 얻는 것이 많습니다.

授

5학년

주다 **수**
11획

음 じゅ

教授 교수　授業 수업　授与 수여

훈 さずける / さずかる

授ける 내려주다, 전수하다　授かる (내려)주시다

授業が始まりました。 수업이 시작되었습니다.
優秀賞を授けました。 우수상을 수여했습니다.

受

3학년

받다 **수**
8획

음 じゅ

授受 수수　受容 수용

훈 うける / うかる

受ける 받다　受かる (시험에)합격하다　受付 접수

受容能力がありません。 수용 능력이 없습니다.
授業を受けました。 수업을 받았습니다.

5学년

貧
가난하다 **빈**
11획

음 ▶ **ひん / びん**
貧窮 빈궁　貧富 빈부　貧乏 가난

훈 ▶ **まずしい**
貧しい 가난하다

貧富の格差が大きいです。 빈부의 격차가 큽니다.
貧しい生活の連続です。 가난한 생활의 연속입니다.

5학년

富
넉넉하다 **부**
12획

음 ▶ **ふ / ふう**
富国 부국　富裕 부유　豊富 풍부　富貴 부귀

훈 ▶ **とむ / とみ**
富む 넉넉하다, 풍부하다

豊富な経験を活かしています。 풍부한 경험을 살리고 있습니다.
富んだ家庭で生まれました。 부유한 가정에서 태어났습니다.

6학년

縦
세로 **종**
16획

음 ▶ **じゅう**
縦断 종단　操縦 조종　放縦 방종

훈 ▶ **たて**
縦 세로

飛行機の操縦士をしています。 비행기 조종사를 하고 있습니다.
縦にしてください。 세로로 해 주세요.

3학년

横
가로 **횡**
15획

음 ▶ **おう**
横断 횡단　横領 횡령　縦横 종횡

훈 ▶ **よこ**
横 옆, 곁

水泳で太平洋を横断しました。 수영으로 태평양을 횡단했습니다.
デパートの横に交番があります。 백화점 옆에 파출소가 있습니다.

> **tip**
> '옆으로 눕는다'고 말할 때는 「横(よこ)にする」라고 표기한다.

往 가다 왕 (8획) — 5학년

음 おう

往来 왕래　往往 때때로　往診 왕진　往復 왕복

往診してもらえますか。 왕진해주실 수 있습니까?
往復で2時間かかります。 왕복으로 2시간 걸립니다.

来 오다 래 (7획) — 2학년

음 らい

来客 내객　由来 유래　外来語 외래어

훈 くる

来る 오다

예외 来ない 오지 않는다　出来る 할 수 있다, 생기다

外来語はカタカナで書きます。 외래어는 가타카나로 씁니다.
学校に来ています。 학교에 와 있습니다.

開 열다 개 (12획) — 3학년

음 かい

開店 개점　展開 전개

훈 ひらく / ひらける / あく / あける

開く 열다　開ける 열리다　開く 열리다　開ける 열다

この店は今日開店しました。 이 가게는 오늘 개점했습니다.
自動とびらが開きました。 자동문이 열렸습니다.

tip
자동사와 타동사의 의미와 쓰임새를 명확하게 이해하고 암기한다.

閉 닫다 폐 (11획) — 6학년

음 へい

開閉 개폐　閉店 폐점　閉門 폐문　密閉 밀폐

훈 とじる / とざす / しめる / しまる

閉じる 닫다　閉ざす 잠그다　閉める 닫다　閉まる 닫히다

店が閉店しました。 가게가 폐점되었습니다.
窓を閉じてください。 창문을 닫아 주세요.

始 처음 시 (8획) — 3학년

음 し
開始 개시　原始 원시　始発 첫출발　年始 연시　終始 줄곧

훈 はじめる
始める 시작하다　始まる 시작되다

始発の電車に乗ります。 첫출발의 전철을 탑니다.
始める前に確認します。 시작하기 전에 확인하겠습니다.

終 끝 종 (11획) — 3학년

음 しゅう
最終 최종　終日 종일　終身 종신　終末 종말　始終 처음과 끝

훈 おえる / おわる
終える 끝내다　終わる 끝나다

最終的に反対しました。 최종적으로 반대했습니다.
全てのことが終わりました。 모든 것이 끝났습니다.

善 착하다 선 (12획) — 6학년

음 ぜん
改善 개선　偽善 위선　親善 친선　善人 선인　善男善女 선남선녀

훈 よい
善い 착하다, 좋다

예외 善子 요시코(인명)

環境を改善しました。 환경을 개선했습니다.
性格が善いです。 성격이 좋습니다.

悪 나쁘다 악 (11획) — 3학년

음 あく / お
悪意 악의　悪徳 악덕　悪寒 오한　善悪 선악

훈 わるい
悪い 나쁘다　悪気 나쁜 마음

예외 悪戯 장난

悪意はありません。 악의는 없습니다.
性格が悪い人です。 성격이 나쁜 사람입니다.

<table>
<tr><td>3학년</td><td rowspan="2">深
깊다 심
11획</td></tr>
</table>

深
깊다 심
11획

음 **しん**
すいしん
水深 수심 深夜 심야

훈 **ふかい / ふかまる / ふかめる**
ふか
深い 깊다 深まる 깊어지다 深める 깊게 하다

しん や   うんこう
深夜バスを運行しています。 심야 버스를 운행하고 있습니다.
ふか うみ   さかな
深い海にも魚はいます。 깊은 바다에도 물고기는 있습니다.

4학년

浅
얕다 천
9획

음 **せん**
しんせん
深浅 심천, 깊이

훈 **あさい**
あさ
浅い 얕다

かわ しんせん   はか
川の深浅を測ってください。 강의 깊이를 재 주세요.
かわ すいしん あさ
川の水深は浅いです。 강의 수심은 얕습니다.

 가장 복잡한 한자 따라 써보기

획순을 보고 따라 써 봅시다.

세로 **종**

※한자의 획순은 왼쪽에서 오른쪽으로, 위에서 아래로 쓰는 것을 기본으로 합니다.

남는 한자가 없도록 단어가 되는 한자를 짝지어 이어보세요.

① 善 ·　　　　　　 · 弱

② 深 ·　　　　　　 · 得

③ 損 ·　　　　　　 · 終

④ 貧 ·　　　　　　 · 閉

⑤ 強 ·　　　　　　 · 来

⑥ 有 ·　　　　　　 · 富

⑦ 高 ·　　　　　　 · 浅

⑧ 開 ·　　　　　　 · 悪

⑨ 往 ·　　　　　　 · 低

⑩ 始 ·　　　　　　 · 無

形	態	労	働	中	央
모양 **형**	모양 **태**	수고롭다 **노**	**일본 한자**	가운데 **중**	가운데 **앙**
停	止	切	断	希	望
멎다 **정**	그치다 **지**	베다 **절**	끊다 **단**	바라다/드물다 **희**	바라보다 **망**
同	等	思	考	知	識
한가지 **동**	무리 **등**	생각하다 **사**	상고하다 **고**	알다 **지**	알다 **식**
起	立	居	住	差	異
일어나다 **기**	서다 **립**	살다 **거**	살다 **주**	틀리다 **차**	다르다 **이**
根	元	才	能	細	消
뿌리 **근**	근원 **원**	재주 **재**	능하다 **능**	가늘다 **세**	사라지다 **소**

形

2학년

모양 **형**
7획

음 けい / ぎょう

形式 형식　形態 형태　人形 인형

훈 かたち / かた

形 형태, 모양　形見 유품

全てが形式的なものです。 모든 것이 형식적인 것입니다.
丸い形にしてください。 둥근 형태로 해 주세요.

態

5학년

모양 **태**
14획

음 たい

形態 형태　態勢 태세　態度 태도

훈 わざと

態と 일부러

tip
態(わざ)と는 실생활에서
는 한자로 사용하지 않는
다는 것에 주의하자.

態度を変えてしまいました。 태도를 바꿔버렸습니다.
態と試合に負けました。 일부러 시합에서 졌습니다.

労

4학년

수고롭다 **노**
7획

음 ろう

過労 과로　苦労 고생

過労で倒れました。 과로로 쓰러졌습니다.
ご苦労様でした。 수고하셨습니다.

働

4학년

일본 한자
13획

음 どう

労働 노동　労働力 노동력

훈 はたらく

働く 일하다

tip
「働」는 일본 한자로만 사
용되기 때문에 한국어로
읽을 수 있는 음이 없다.
또한 한국어로 '노동'은 「労
動」이라 표기한다.

労働力が足りません。 노동력이 부족합니다.
工場で働いています。 공장에서 일하고 있습니다.

1学年

中
가운데 **중**
4획

음 ちゅう / じゅう

中毒 중독　中学生 중학생　中心 중심　身体中 몸 전체

훈 なか

中 안　真ん中 한가운데

彼は自己中心的な人です。 그는 자기 중심적인 사람입니다.
中を確認してみます。 안을 확인해 보겠습니다.

3学年

央
가운데 **앙**
5획

음 おう

中央 중앙

市内の中央にタワーがあります。 시내 중앙에 타워가 있습니다.
中央に立ってください。 중앙에 서 주세요.

4学年

停
멎다 **정**
11획

음 てい

停車 정차　停留所 정류장

훈 とまる / とめる

停まる 정지하다　停める 세우다

停留所はどこですか。 정류장은 어디입니까?
車はここに停めてください。 차는 여기에 세워 주세요.

> **tip**
> 停(と)まる・停(と)めるは
> 止(と)まる・止(と)めると
> も 표기한다.

2学年

止
그치다 **지**
4획

음 し

停止 정지　禁止 금지　中止 중지

훈 とまる / とめる / やむ / やめる

止まる 머물다　止める 멈추다　止む 그치다　止める 그만두다

ここは立入禁止です。 여기는 출입금지입니다.
車を止めてください。 차를 세워 주세요.

<table>
<tr><td>2
학
년</td><td>

切

베다 **절**

4획

</td><td>

음 せつ / さい

一切 일체 親切 친절 切実 절실 切断 절단

훈 きる / きれる

切る 자르다 切れる 잘리다

</td><td></td></tr>
</table>

親切にしてやってください。 친절하게 대해 주세요.

ナイフで切ります。 나이프로 자릅니다.

---

5 학 년	**断** 끊다 **단** 11획	**음** だん 決断 결단 断絶 단절 断続 단속 中断 중단 **훈** たつ / ことわる 断つ 끊다, 차단하다 断る 거절하다

決断の時が来ました。 결단의 때가 왔습니다.

自分の命を断ちました。 자신의 생명을 끊었습니다.

---

4 학 년	**希** 바라다/드물다 **희** 7획	**음** き / け 希薄 희박 希有 희유(아주 드문 일) **훈** まれ 希に 드물게

> tip
> 希有는 稀有라고도 표기한다.

希有元素について研究しています。 희유원소에 대해 연구하고 있습니다.

それは希に起こることです。 그것은 드물게 일어나는 일입니다.

<table>
<tr><td>4
학
년</td><td>

望

바라보다 **망**

11획

</td><td>

음 ぼう / もう

渇望 갈망 希望 희망 欲望 욕망 本望 숙원, 만족

훈 のぞむ / のぞましい

望む 바라다 望ましい 바람직하다

</td><td></td></tr>
</table>

希望を捨てないで努力します。 희망을 버리지 않고 노력하겠습니다.

訪問を望んでいます。 방문을 바라고 있습니다.

2학년

同
한가지 **동**
6획

음 どう
同等 동등　同質 동질　同時 동시

훈 おなじ
同じだ 같다　同じく 같게, 마찬가지로

みんな同時に入ってください。 모두 동시에 들어가 주세요.

それは同じものです。 그것은 같은 것입니다.

3학년

等
무리 **등**
12획

음 とう
等級 등급　高等 고등

훈 ひとしい / など / ら
等しい 같다　等 ~등　彼ら 그들

私立の高等学校に通っています。 사립 고등학교에 다니고 있습니다.

等しい位置で仕事します。 대등한 위치에서 일합니다.

2학년

思
생각하다 **사**
9획

음 し
思想 사상　意思 의사

훈 おもう
思う 생각하다　思える 생각되다, 느껴지다

みんなの意思を尊重するつもりです。 모두의 의사를 존중하려고 합니다.

日本語は思ったより易しいです。 일본어는 생각한 것보다 쉽습니다.

2학년

考
상고하다 **고**
6획

음 こう
考査 고사　参考 참고　思考 사고　考案 고안

훈 かんがえる
考える 생각하다

論文に参考する資料です。 논문에 참고할 자료입니다.

考え方が固い人です。 사고방식이 딱딱한 사람입니다.

2학년

知
알다 지
8획

음 ▶ ち
知人 지인　知名度 지명도

훈 ▶ しる
知る 알다　知らせる 알리다　知らす 알게 하다

私の知人です。 제 지인입니다.
お知らせします。 알려드리겠습니다.

5학년

識
알다 식
19획

음 ▶ しき
意識 의식　学識 학식　認識 인식　面識 면식　知識 지식

正しく認識をしてください。 올바르게 인식을 해 주세요.
あの人とは面識がありません。 저 사람과는 면식이 없습니다.

3학년

起
일어나다 기
10획

음 ▶ き
起床 기상　起立 기립　起源 기원

훈 ▶ おきる / おこる / おこす
起きる 일어나다　起こる 일어나다, 발생하다　起こす 일으키다

みんな起立してください。 모두 기립해 주세요.
起きる時間が遅いです。 일어나는 시간이 늦습니다.

1학년

立
서다 립
5획

음 ▶ りつ
立体 입체　設立 설립　立春 입춘　創立 창립
建立 (일반적인) 건립　建立 (절이나 사원의) 건립

훈 ▶ たつ / たてる
立つ 서다　立てる 세우다

設立を考えてください。 설립을 생각해 주세요.
人が立っています。 사람이 서 있습니다.

居 살다 거 _{8획}

음 きょ
同居 동거　別居 별거

훈 いる
居る 있다

友達と同居しています。 친구와 동거하고 있습니다.
部屋にいる人は母です。 방에 있는 사람은 어머니입니다.

住 살다 주 _{7획}

음 じゅう
居住 거주　住居 주거　住所 주소　住宅 주택

훈 すむ / すまう
住む 살다　お住まい 사는 곳, 주소

深刻な住宅問題が発生しました。 심각한 주택 문제가 발생했습니다.
日本に住んでいます。 일본에 살고 있습니다.

差 틀리다 차 _{10획}

음 さ
差額 차액　差別 차별　時差 시차

훈 さす
差す 가리다, 꽂다, 비치다

外国人を差別しています。 외국인을 차별하고 있습니다.
傘を差します。 우산을 씁니다.

異 다르다 이 _{11획}

음 い
異見 이견　異性 이성　異変 이변　差異 차이

훈 ことなる
異なる 다르다

異見があり得ます。 이견이 있을 수 있습니다.
人間は動物とは異なる点があります。 인간은 동물과는 다른 점이 있습니다.

根 뿌리 **근** 〔10획〕 — 3학년

음 ▶ こん

根本 근본　根拠 근거　大根 무(채소)

훈 ▶ ね

根 뿌리, 근본, 천성

大根には水分が多いです。 무에는 수분이 많습니다.
根もない噂で騒いでいます。 근거도 없는 소문으로 떠들썩합니다.

元 근원 **원** 〔4획〕 — 2학년

음 ▶ がん / げん

元祖 원조　紀元前 기원전　根元 근원　元首 원수　元素 원소

훈 ▶ もと

元 원래

ちゃんぽんは長崎が元祖です。 짬뽕은 나가사키가 원조입니다.
彼は元々性格がいい人です。 그는 원래 성격이 좋은 사람입니다.

才 재주 **재** 〔3획〕 — 2학년

음 ▶ さい

才能 재능　天才 천재　漫才 만담

才能がある人です。 재능이 있는 사람입니다.
彼は天才です。 그는 천재입니다.

tip
상대의 나이를 물을 때에
사용되는 「何才(なんさい)
몇 살」에서도 「才(さい)」
의 발음으로 한다.

能 능하다 **능** 〔10획〕 — 5학년

음 ▶ のう

効能 효능　能力 능력　無能 무능

能力がある人を認めます。 능력 있는 사람을 인정합니다.
この薬は効能がいいです。 이 약은 효능이 좋습니다.

2학년

細

가늘다 **세**

11획

음▶ **さい**

詳細 상세 細密 세밀

훈▶ **ほそい / ほそる / こまかい / こまか**

細い 가늘다 細かい 작다. 잘다 細める 잘게 하다

詳細な説明をしてください。 상세한 설명을 해 주세요.

細い針です。 가는 침입니다.

3학년

消

사라지다 **소**

10획

음▶ **しょう**

解消 해소 消灯 소등 消火器 소화기

훈▶ **けす / きえる**

消す 끄다 消える 꺼지다, 사라지다

消灯時間になりました。 소등 시간이 되었습니다.

電気を消してください。 전등을 꺼 주세요.

 가장 복잡한 한자 따라 써보기

획순을 보고 따라 써 봅시다.

알다 **식**

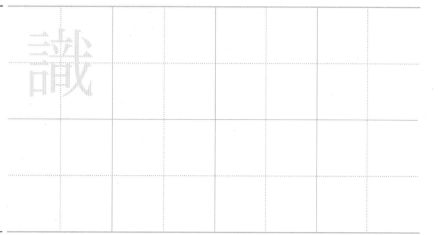

※한자의 획순은 왼쪽에서 오른쪽으로, 위에서 아래로 쓰는 것을 기본으로 합니다.

정답 p.334

다음 한자의 음과 뜻을 바르게 이어보세요.

① 中 ·　　　　　　　· 정지하다 **정**

② 停 ·　　　　　　　· 재주 **재**

③ 才 ·　　　　　　　· 차이 **차**

④ 差 ·　　　　　　　· 살다 **거**

⑤ 居 ·　　　　　　　· 바라다 **희**

⑥ 根 ·　　　　　　　· 뿌리 **근**

⑦ 形 ·　　　　　　　· 생각하다 **사**

⑧ 希 ·　　　　　　　· 가운데 **중**

⑨ 思 ·　　　　　　　· 모양 **형**

⑩ 知 ·　　　　　　　· 알다 **지**

수와 단위

一	二	三	四	五	六
하나 **일**	둘 **이**	셋 **삼**	넷 **사**	다섯 **오**	여섯 **육**
七	八	九	十	百	千
일곱 **칠**	여덟 **팔**	아홉 **구**	열 **십**	일백 **백**	일천 **천**
万	億	兆	倍	比	率
일만 **만**	억 **억**	조 **조**	배 **배**	견주다 **비**	거느리다 **솔**/비율 **률**
番	号	順	序	縮	尺
차례 **번**	부르짖다 **호**	순하다 **순**	차례 **서**	오그라들다 **축**	자 **척**
円	個	枚			
둥글다 **원**	낱개 **개**	낱 **매**			

1학년

一

하나 **일**
1획

음▸ **いち / いつ**
一年 1년　一本 한 자루　一階 1층　統一 통일

훈▸ **ひと / ひとつ**　一つ 한 개

예외▸ 一日 1일

コンビニは一階にあります。 편의점은 1층에 있습니다.

一つ、ください。 한 개 주세요.

1학년

二

둘 **이**
2획

음▸ **に**
二本 두 자루　二番目 두 번째

훈▸ **ふた / ふたつ**　二つ 두 개

예외▸ 二日 2일

ボールペンを二本ください。 볼펜을 두 자루 주세요.

トマトを二つ食べました。 토마토를 두 개 먹었습니다.

1학년

三

셋 **삼**
3획

음▸ **さん**
三人 세 명　三本 세 자루

훈▸ **み / みつ / みっつ**
三つ 세 개　三日 3일

ここに三人がいます。 여기에 세 사람이 있습니다.

今日は三日です。 오늘은 3일입니다.

1학년

四

넷 **사**
5획

음▸ **し**
四季 사계

훈▸ **よ / よつ / よっつ / よん**
四つ 네 개　四日 4일　四種類 4종류

四季の中で春が一番好きです。 사계 중에서 봄이 가장 좋습니다.

四つ、ください。 네 개 주세요.

五

1학년

다섯 **오**

4획

음 ご
五人 다섯 명

훈 いつ / いつつ
五つ 다섯 개　五日 5일

五人の子供がいます。다섯 명의 어린이가 있습니다.
休みは五日です。휴무는 5일입니다.

六

1학년

여섯 **육**

4획

음 ろく
六時 6시　六角形 육각형

훈 む / むつ / むっつ / むい
六つ 여섯 개　六日 6일

六時に夕ご飯を食べます。6시에 저녁밥을 먹습니다.
すいかを六つ買いました。수박을 여섯 개 샀습니다.

七

1학년

일곱 **칠**

2획

음 しち　七時 7시　七面鳥 칠면조

훈 なな / ななつ / なの
七つ 일곱 개　七日 7일

예외i 七夕 칠석

毎日、七時に起きます。매일 7시에 일어납니다.
りんごが七つあります。사과가 일곱 개 있습니다.

八

1학년

여덟 **팔**

2획

음 はち
八月 8월　八王子 하치오지(지명)

훈 や / やつ / やっつ / よう
八百屋 야채가게　八っつ 여덟 개　八日 8일

八月に日本に行く予定です。8월에 일본에 갈 예정입니다.
八百屋でトマトを八つ買いました。야채가게에서 토마토를 여덟 개 샀습니다.

1학년

九
아홉 **구**
2획

음 ▶ **きゅう / く**

九番 9번　九九 구구(단)　九時 9시

훈 ▶ **ここのつ**

九つ 아홉 개　九日 9일

九時に起きました。9시에 일어났습니다.

九つのりんごがあります。아홉 개의 사과가 있습니다.

tip

숫자 9는 일반적인 숫자 9를 말할 때에는 「きゅう(9)」로 발음하고 시간을 말할 때는 「く(9)」로 발음한다.

1학년

十
열 **십**
2획

음 ▶ **じゅう / じっ**

十階(じゅっかい・じっかい) 10층

十回(じゅっかい・じっかい) 10회　十時 10시

훈 ▶ **とお / と**　十人十色 각양각색　十日 10일

今、十時です。지금 10시입니다.

昨日は十日でした。어제는 10일이었습니다.

tip

10을 발음할 때에는 일반적인 숫자는 じゅう로 말하지만 층수나 횟수를 말할 때는 じゅっ 또는 じっ으로 발음한다.

1학년

百
일백 **백**
6획

음 ▶ **ひゃく**

百年 백년　百姓 백성

훈 ▶ **もも**

百千 백천(수가 많음)　百日 백일

百年も生きています。백년이나 살고 있습니다.

赤ちゃんの百日の祝いです。아기의 백일잔치입니다.

1학년

千
일천 **천**
3획

음 ▶ **せん**

千里 천리　千差万別 천차만별

훈 ▶ **ち**

千草 갖가지 풀　千歳 천년, 영원

形が千差万別です。형태가 천차만별입니다.

野原には千草が自生しています。들판에는 갖가지 풀이 자생합니다.

2학년

万
일만 **만**
3획

음▶ **まん / ばん**

ばんざい　　　ばんのう　　　ばんぜん　　　いちまん
万歳 만세　万能 만능　万全 만전　一万 1만

예외▶

よろずや
万屋 만물상회

みんな　ばんざい　さけ
皆で万歳を叫びました。 모두 함께 만세를 외쳤습니다.
ばんぜん　つ
万全を尽くします。 만전을 다 하겠습니다.

4학년

億
억 **억**
15획

음▶ **おく**

おくまん　　　すうおく
億万 억만　数億 수억

かれ　おくまんちょうじゃ
彼は億万長者です。 그는 억만장자입니다.
すうおく　ひろ
数億を拾いました。 수억을 주었습니다.

4학년

兆
조 **조**
6획

음▶ **ちょう**

おくちょう　　　きっちょう
億兆 억조　吉兆 길조

훈▶ **きざす / きざし**

きざ　　　　　きざし
兆す 싹트다　兆 조짐, 징조

きのう　ゆめ　きっちょう
昨日の夢は吉兆です。 어제 꿈은 길조입니다.
けいき　かいふく　きざ　み
景気回復の兆が見えます。 경기 회복의 조짐이 보입니다.

3학년

倍
배 **배**
10획

음▶ **ばい**

ばいがく　　　ばいりつ　　　にばい
倍額 배액　倍率 배율　二倍 두 배

にばい　ねあ
二倍に値上がりしました。 두 배로 인상되었습니다.
ばいりつ　たか
倍率が高いです。 배율이 높습니다.

比 견주다 비 (4획) — 5학년

음 ひ

対比 대비　比較 비교　比例 비례

훈 くらべる

比べる 비교하다

他人と比較するのはよくないです。 타인과 비교하는 것은 좋지 않습니다.
比べてください。 비교해 주세요.

率 거느리다 솔 / 비율 률 (11획) — 5학년

음 そつ / りつ

率先 솔선　率直 솔직　能率 능률　比率 비율

훈 ひきいる

率いる 인솔하다

率直に言ってください。 솔직하게 말하세요.
学生を率いて日本へ行きました。 학생을 인솔해서 일본에 갔습니다.

番 차례 번 (13획) — 2학년

음 ばん

番組 방송, TV 프로그램　番地 번지

今はクイズ番組の時間です。 지금은 퀴즈 방송 시간입니다.
ここが九番地ですか。 여기가 9번지입니까?

号 부르짖다 호 (5획) — 3학년

음 ごう

号数 호수　号令 호령　信号 신호　番号 번호

電話番号は何番ですか。 전화번호는 몇 번입니까?
赤信号に変わりました。 빨간 신호로 바뀌었습니다.

4학년

順
순하다 **순**
12획

음 じゅん

語順 어순　順調 순조　順番 순서

韓国語と語順が同じです。 한국어와 어순이 같습니다.
仕事が順調です。 일이 순조롭습니다.

5학년

序
차례 **서**
7획

음 じょ

順序 순서　序列 서열　序論 서론

順序を守ってください。 순서를 지켜 주세요.
序論はいいです。 서론은 좋습니다.

2학년

縮
오그라들다 **축**
17획

음 しゅく

圧縮 압축　縮小 축소　伸縮性 신축성

훈 ちぢまる / ちぢむ / ちぢめる / ちぢらす / ちぢれる

縮まる 줄어들다　縮む 오그라들다, 줄어들다　縮める 줄게 하다
縮らす 주름지게하다　縮れる 주름이 지다

ファイルを圧縮しました。 파일을 압축했습니다.
洗濯物が縮まりました。 세탁물이 줄어들었습니다.

6학년

尺
자 **척**
4획

음 しゃく / せき

尺度 축도　縮尺 축척　尺地(しゃくち・せきち) 척지

훈 さし

尺 자, 척도

縮尺十万分の一の地図です。 축척 10만 분의 1인 지도입니다.
尺で測ります。 자로 재겠습니다.

1학년

円

둥글다 **원**
4획

음 えん

円高 엔 강세　円満 원만　円安 엔 약세

훈 まるい

円い 둥글다

예외 円ら 동그란

今日は円安です。 오늘은 엔 약세입니다.

形を円くしてください。 형태를 둥글게 해 주세요.

tip
円い는 丸(まる)い라고도 표기한다.

5학년

個

낱개 **개**
10획

음 こ

個人 개인　別個 별개

個人的に付き合っています。 개인적으로 사귀고 있습니다.

それは別個にしてください。 그것은 별개로 해 주세요.

6학년

枚

낱 **매**
8획

음 まい

一枚 한 장　何枚 몇 장　枚数 매수(장수)

全部で何枚ですか。 전부해서 몇 장입니까?

枚数を数えてください。 매수(장수)를 세 주세요.

tip
枚는 종이나 얇은 것을 셀 때 사용하는 조수사의 하나이다.

다음 한자의 알맞은 음에 동그라미 해 보세요.

① 番
번 | 호

② 率
비 | 율

③ 序
순 | 서

④ 尺
축 | 척

⑤ 万
천 | 만

⑥ 兆
억 | 조

⑦ 倍
비 | 배

⑧ 円
원 | 안

⑨ 個
고 | 개

⑩ 枚
미 | 매

時	間	曜	日	月	火	水	木
때 시	사이 간	빛나다 요	해/날 일	달 월	불 화	물 수	나무 목
金	土	永	久	現	在	最	初
쇠 금	흙 토	길다 영	오래다 구	나타나다 현	있다 재	가장 최	처음 초
年	末	寸	刻	延	期	朝	早
해/나이 년	끝 말	마디 촌	새기다 각	늘이다 연	기약하다 기	아침 조	새벽 조
分	秒	晝	午	夕	夜	未	週
나누다 분	분초 초	낮 주	낮 오	저녁 석	밤 야	아니다 미	두르다 주
何	休	今	昨	去	每	半	古
무엇 하	쉬다 휴	이제 금	어제 작	가다 거	마다 매	절반 반	예전 고
昔	紀	再	常	忘	翌	臨	
옛 석	법/적다 기	다시 재	항상 상	잊다 망	다음 날 익	임하다 림	

時

2학년

때 **시**
10획

음 ▶ **じ**
時間 시간　時刻表 시각표　同時 동시　零時 영시

훈 ▶ **とき**
時 때

もうすぐ会議の時間です。 이제 곧 회의 시간입니다.
時によって酒を飲みます。 때에 따라서 술을 마십니다.

間

2학년

사이 **간**
12획

음 ▶ **かん / けん**
間接 간접　間食 간식　世間 세상　人間 인간

훈 ▶ **あいだ / ま**
間 사이　間 틈

間接的な関係があります。 간접적인 관계가 있습니다.
その間にお元気でしたか。 그동안 건강하셨습니까?

曜

2학년

빛나다 **요**
18획

음 ▶ **よう**
曜日 요일

何曜日が休みですか。 무슨 요일이 휴일입니까?
毎週、日曜日が休みです。 매주 일요일이 휴무입니다.

日

1학년

해/날 **일**
4획

음 ▶ **じつ / にち**
来日 일본방문(내일, 방일)　日記 일기　日常 일상　本日 오늘

훈 ▶ **ひ / か**
日々 나날이　七日間 7일간

日記をつけています。 일기를 쓰고 있습니다.
日々に寒くなります。 나날이 추워집니다.

月

달 월
4획

1학년

음 がつ / げつ

月給 월급　月末 월말　月曜日 월요일

훈 つき

月日 세월

月給が少ないです。월급이 적습니다.
月日がたってしまいました。세월이 흘러버렸습니다.

火

불 화
4획

1학년

음 か / ほ

火事 화재　火影 불빛, 등불

훈 ひ / び

火 불　焚き火 모닥불, 횃불

火事を起しました。화재를 일으켰습니다.
火の用心をしてください。불조심을 해 주세요.

水

물 수
4획

1학년

음 すい

海水浴 해수욕　水素 수소　水曜日 수요일

훈 みず

水 물　水虫 무좀

海で海水浴をします。바다에서 해수욕을 합니다.
毎日、水を飲みます。매일 물을 마십니다.

木

나무 목
4획

1학년

음 ぼく / もく

木曜日 목요일　大木 거목

훈 き / こ

木 나무　木の葉 나뭇잎

毎週木曜日にはピアノを習います。매주 목요일에는 피아노를 배웁니다.
木の枝を折らないでください。나뭇가지를 꺾지 마세요.

1학년

金
쇠 금
8획

음▶ **きん / こん**
金額 금액　金色 금빛　金曜日 금요일　黄金 황금

훈▶ **かね / かな**
金持ち 부자　金づち 쇠망치

金曜日には約束があります。 금요일에는 약속이 있습니다.
あの人はお金持ちです。 저 사람은 부자입니다.

1학년

土
흙 토
3획

음▶ **ど / と**
国土 국토　土質 토질　土地 토지

훈▶ **つち**
土 흙　土煙 흙먼지

예외▶ 土産 선물

国土の3分の2は山です。 국토의 3분의 2는 산입니다.
土を掘ってください。 땅을 파 주세요.

5학년

永
길다 영
5획

음▶ **えい**
永遠 영원　永続 영속

훈▶ **ながい**
永い 영원하다

永遠に生き残ります。 영원히 살아남습니다.
永い別れが待っていました。 영원한 이별이 기다리고 있었습니다.

5학년

久
오래다 구
3획

음▶ **きゅう / く**
永久 영구　持久力 지구력　耐久 내구　久遠 구원

훈▶ **ひさしい**
久しい 오랜만이다

永久的な品物です。 영구적인 물건입니다.
久しく故郷へ行きました。 오랜만에 고향에 갔습니다.

5학년	**現** 나타나다 **현** 11획	**음▶ げん** 現代 현대　現場 현장　再現 재현　実現 실현 **훈▶ あらわれる** 現れる 나타나다

実現可能になりました。 실현 가능하게 되었습니다.
真相が世の中に現れました。 실상(진상)이 세상에 드러났습니다.

5학년	**在** 있다 **재** 6획	**음▶ ざい** 健在 건재　現在 현재　在位 재위　在野 재야　存在 존재 **훈▶ ある** 在る 있다

tip
在(あ)る는 주로 히라가나로 표기한다.

両親共に健在です。 양친 모두 건재합니다.
存在感が在る人です。 존재감이 있는 사람입니다.

4학년	**最** 가장 **최** 12획	**음▶ さい** 最新 최신　最初 최초　最大 최대 **훈▶ もっとも** 最も 가장 **예외▶ 最寄り** 가장 가까움

最初に発見しました。 최초로 발견했습니다.
最も良い商品です。 가장 좋은 상품입니다.

4학년	**初** 처음 **초** 7획	**음▶ しょ** 最初 최초　初心 초심　初日 첫날　当初 당초 **훈▶ はじめ / はじめて / はつ / うい / そめる** 初め 처음　初恋 첫사랑　初々しい 순진하다, 앳되다 〜初める 〜하기 시작하다

tip
「初(はじ)め 처음」은 「始(はじ)める 시작하다」와 음이 같고 뜻이 다르다.

初心に戻って頑張ります。 초심으로 돌아가 열심히 하겠습니다.
初めまして。 처음 뵙겠습니다.

年 해/나이 년 6획

음 ▶ ねん

年末年始 연말연시　新年 신년

훈 ▶ とし

年 나이　毎年(まいねん・まいとし) 매년

年越そば 연말에 묵은해를 보내면서 먹는 메밀국수

新年、あけましておめでとうございます。새해 복 많이 받으세요.

年を取りました。나이를 먹었습니다.

tip
「毎年」는 「まいねん」과 「まいとし」두 가지로 발음하는데 어느 쪽도 전달되는 의미는 같다.

末 끝 말 5획

음 ▶ まつ

月末 월말　週末 주말　年末 연말

훈 ▶ すえ

末 끝. 마지막　末永く 영원히

年末には忘年会があります。연말에는 망년회가 있습니다.

悩んだ末、留学を決めました。고민 끝에 유학을 결정했습니다.

寸 마디 촌 3획

음 ▶ すん

一寸 일촌　寸刻 촌각　寸法 치수

寸刻を争っています。촌각을 다투고 있습니다.

寸法を測ってください。치수를 재 주세요.

刻 새기다 각 8획

음 ▶ こく

時刻 시각　深刻 심각　遅刻 지각　彫刻 조각　定刻 정각

훈 ▶ きざむ

刻む 새기다

授業に遅刻しました。수업에 지각했습니다.

名前を刻んでいます。이름을 새기고 있습니다.

延 늘이다 **연** 8획
6학년

음 ▶ **えん**
延長 연장　延命 연명

훈 ▶ **のびる / のべる / のばす**
延びる 길어지다. 연장되다　延べる 펴다. 늦추다　延ばす 늘리다

延長戦で勝ちました。 연장전에서 이겼습니다.
平均寿命が延びています。 평균 수명이 길어지고 있습니다.

期 기약하다 **기** 12획
3학년

음 ▶ **き / ご**
延期 연기　期間 기간　思春期 사춘기　時期 시기
最期 임종, 생의 최후

試合が延期されました。 시합이 연기되었습니다.
むすめは思春期です。 딸은 사춘기입니다.

朝 아침 **조** 12획
2학년

음 ▶ **ちょう**
朝食 조식　王朝 왕조

훈 ▶ **あさ**
朝 아침　朝日 아침 해

朝食の時間は8時です。 조식 시간은 8시입니다.
朝ご飯は食べてください。 아침밥은 먹어 주세요.

早 새벽 **조** 6획
1학년

음 ▶ **そう / さっ**
早婚 조혼　早速 즉시　早朝 이른 아침, 조조

훈 ▶ **はやい**
早い (시간이)빠르다　早まる (시간이)빨라지다　早める (시간을)빠르게 하다

예외 ▶ 早稲田大学 와세다대학

早速、うちへ帰りました。 즉시 집으로 돌아갔습니다.
月日が早く流れます。 세월이 빨리 흐릅니다.

2학년

分

나누다 **분**

4획

음 ぶん / ふん / ぶ

分室 분실　分担 분담　内分 내분　分別 분별　分別 구별

훈 わける / わかれる / わかる / わかつ

分ける 나누다, 분리하다　分れる 헤어지다, 나뉘다　分かる 알다

分かつ 구별하다

仕事を分担してやります。 일을 분담해서 합니다.

半分に分けてください。 반으로 나누어 주세요.

3학년

秒

분초 **초**

9획

음 びょう

秒速 초속　秒針 초침

秒速を時速に直しなさい。 초속을 시속으로 바꾸시오.

秒針が止りました。 초침이 멈췄습니다.

2학년

昼

낮 **주**

9획

음 ちゅう

昼間 주간　昼食 점심

훈 ひる

昼ご飯 점심밥　昼飯 점심밥　昼寝 낮잠　昼休み 점심 휴식

いつも昼食はラーメンです。 항상 점심은 라면입니다.

昼にはアルバイトをします。 낮에는 아르바이트를 합니다.

2학년

午

낮 **오**

4획

음 ご

午前 오전　午後 오후　正午 정오

午前中に行きます。 오전 중에 가겠습니다.

正午をお知らせします。 정오를 알려드립니다.

夕
저녁 **석**
[3획]
[1학년]

음 せき
ちょうせき
朝夕 아침 저녁

훈 ゆう
ゆう や　　　　ゆうがた　　　ゆう
夕焼け 석양　夕方 저녁때　夕べ저녁, 어젯밤

tip
ゆうべ가 '어젯밤'의 의미로 쓰일 때는 한자를 昨夜(さくや・ゆうべ)로 표기하기도 한다.

ちょうせきさむ
朝夕寒いです。 아침 저녁으로 춥습니다.
ゆう　　の　　す
夕べは飲み過ぎでした。 어젯밤은 과음했습니다.

夜
밤 **야**
[8획]
[2학년]

음 や
しん や　　　や しょく　　ちゅう や　　　や かん　　　や けい
深夜 심야　夜食 야식　昼夜 주야　夜間 야간　夜景 야경

훈 よ / よる
よる　　　よ　あ
夜 밤　夜明け 새벽

よこはま　　や けい　　ゆうめい
横浜の夜景は有名です。 요코하마의 야경은 유명합니다.
よるおそ　　　　し ごと
夜遅くまで仕事をします。 밤늦게까지 일을 합니다.

未
아니다 **미**
[5획]
[4학년]

음 み
み ぜん　　　み じゅく　　み らい　　　み ぞ う　　　　　　　　　　　　　　　み せいねん
未然 미연　未熟 미숙　未来 미래　未曾有 미증유(지금까지 없던 일)　未成年 미성년

예외 いま
未だに 아직까지도

み ぜん　　ふせ
未然に防ぎます。 미연에 방지합니다.
み らい　　　　　　がん ば
未来のために頑張ります。 미래를 위해 분발하겠습니다.

週
두르다 **주**
[11획]
[2학년]

음 しゅう
こんしゅう　　　　しゅうまつ　　　らいしゅう
今週 이번 주　週末 주말　来週 다음 주

しゅうまつ　　やまのぼ
週末に山登りをします。 주말에 등산을 합니다.
らいしゅう　　えん き
来週に延期します。 다음 주로 연기합니다.

2학년

何
무엇 **하**
7획

음 か
如何なる 어떠한　幾何 기하

훈 なに / なん
何(なん・なに) 무엇

예외 何処 어디

<blockquote>tip

의문사「何(무엇)」의 의미로 말할 때 상황에 따라서「なん・なに」두 가지로 발음한다.</blockquote>

如何なることがあっても行きません。 어떤 일이 있더라도 가지 않겠습니다.
何をしていますか。 무엇을 하고 있습니까?

1학년

休
쉬다 **휴**
6획

음 きゅう
休憩 휴식　休日 휴일　休暇 휴가

훈 やすむ / やすまる / やすめる
休む 쉬다　休まる (마음이)편안해지다　休める 쉬게 하다

休憩を取ってください。 휴식을 취해 주세요.
ゆっくり休んでください。 푹 쉬세요.

2학년

今
이제 **금**
4획

음 こん
今日 오늘(날)　今度 이번, 다음 번　古今 고금　今年度 금년도, 올해

훈 いま　今 지금

예외 今日 오늘　今年 올해　今朝 오늘 아침

今年度の予算が決まりました。 금년도 예산이 정해졌습니다.
今、何時ですか。 지금 몇 시입니까?

4학년

昨
어제 **작**
9획

음 さく
昨日 어제　昨年 작년

예외 昨日 어제　一昨日 그저께　一昨年 재작년

昨日もお酒を飲みました。 어제도 술을 마셨습니다.
昨年のことは忘れました。 작년의 일은 잊었습니다.

3학년

去
가다 **거**
5획

음 ▶ **きょ / こ**
去年 작년　除去 제거　退去 퇴거　過去 과거

훈 ▶ **さる**
去る 떠나다

それは去年のことです。 그것은 작년 일입니다.
遠くに去って行きました。 멀리 떠나갔습니다.

2학년

毎
마다 **매**
6획

음 ▶ **まい**
毎月 매월　毎日 매일　毎朝 매일 아침

예외 ▶ ~毎 ~마다

tip
毎(ごと)는 주로 히라가나
로 표기한다.

毎朝、ジョギングをしています。 매일 아침 조깅을 하고 있습니다.
毎日日本語の勉強をします。 매일 일본어 공부를 합니다.

2학년

半
절반 **반**
5획

음 ▶ **はん**
半額 반액　半分 절반　半日 반나절

훈 ▶ **なかば**
半ば 절반

半額で安く売っています。 반액으로 싸게 팔고 있습니다.
地球上の半ばは女です。 지구상의 절반은 여자입니다.

2학년

古
예전 **고**
5획

음 ▶ **こ**
古跡 고적　古書 고서　古典 고전

훈 ▶ **ふるい**
古い 낡다, 오래되다

京都は日本の古跡都市です。 교토는 일본의 고적도시입니다.
古い友達に会いました。 오랜 친구를 만났습니다.

3학년

昔
옛 석
8획

음 ▶ **せき / しゃく**
せきじつ 昔日 옛날　おうせき 往昔 왕석　こんじゃく 今昔 금석

훈 ▶ **むかし**
むかし 昔 옛날　むかしばなし 昔話 옛날 이야기　おおむかし 大昔 오랜 옛날

せきじつ 昔日のことは忘れました。 옛날 일은 잊었습니다.
むかし 昔の面影はありませんでした。 옛날 모습은 없었습니다.

4학년

紀
법/적다 기
9획

음 ▶ **き**
きげんぜん 紀元前 기원전　きこう 紀行 기행　せいき 世紀 세기　ふうき 風紀 풍기

きこうぶん 紀行文を書きました。 기행문을 썼습니다.
いま 今は２１世紀です。 지금은 21세기입니다.

5학년

再
다시 재
6획

음 ▶ **さい / さ**
さいこう 再考 재고　さいど 再度 재차

훈 ▶ **ふたたび**
ふたた 再び 재차, 다시

さいこう 再考してください。 재고해 주세요.
ふたた 再び来ました。 다시 왔습니다.

5학년

常
항상 상
10획

음 ▶ **じょう**
じょうしき 常識 상식　つうじょう 通常 통상　にちじょう 日常 일상

훈 ▶ **つね**
つね 常に 항상

じょうしきてき それは常識的なことです。 그것은 상식적인 일입니다.
つね 常に念頭においてください。 항상 염두에 두세요.

忘

잊다 **망**
7획

6학년

음 ▶ ぼう

けんぼうしょう
健忘症 건망증　　備忘 비망　　忘恩 망은　　忘却 망각

훈 ▶ わすれる

わす
忘れる 잊다　　忘れ物 분실물　　物忘れ 건망증

けんぼうしょう　ひど
健忘症が酷くなりました。 건망증이 심해졌습니다.

おも　で　わす
いい思い出を忘れないでください。 좋은 추억을 잊지 마세요.

翌

다음 날 **익**
11획

6학년

음 ▶ よく

よくあさ
翌朝 다음 날 아침　　翌日 익일, 다음 날

よくあさ　の
翌朝まで飲みました。 다음 날 아침까지 마셨습니다.

よくじつ　ていきゅうび
翌日は定休日です。 다음 날은 정기휴일입니다.

臨

임하다 **림**
18획

6학년

음 ▶ りん

りんきゅう
臨休 임휴　　臨時 임시　　臨終 임종　　臨席 임석(참석)

훈 ▶ のぞむ

のぞ
臨む 임하다

りんじ　れっしゃ　へんせい
臨時列車を編成します。 임시 열차를 편성하겠습니다.

しかくしけん　のぞ
資格試験に臨んでいます。 자격시험에 임하고 있습니다.

정답 p.334

아래에서 단어가 되는 한자의 짝을 찾아 빈 칸에 써 보세요.

曜　最　現
寸　末　間　秒
昼　期　久

① 時 ☐　　⑥ ☐ 日

② 永 ☐　　⑦ ☐ 刻

③ 延 ☐　　⑧ ☐ 初

④ 年 ☐　　⑨ ☐ 在

⑤ 分 ☐　　⑩ ☐ 夜

学	校	先	生	教	師	講
배우다 **학**	학교 **교**	먼저 **선**	낳다/살다 **생**	가르치다 **교**	스승 **사**	풀이하다 **강**
義	宿	題	復	習	論	述
옳다 **의**	묵다 **숙**	표제 **제**	회복하다 **복**/다시 **부**	익히다 **습**	말하다 **논**	말하다 **술**
賞	狀	質	問	平	均	專
칭찬하다 **상**	형상 **상**/문서 **장**	모양 **질**	묻다 **문**	평평하다 **평**	평평하다 **균**	오로지 **전**
功	欠	席	級	返	板	筆
공 **공**	빠지다 **결**	자리 **석**	등급 **급**	돌아오다 **반**	널 **판**	붓 **필**
卒	堂	舍	課	室	徒	留
하인 **졸**	집 **당**	집 **사**	시험하다 **과**	집 **실**	무리 **도**	머무르다 **류**
見	登	班	說			
보다 **견**	오르다 **등**	나누다 **반**	말씀 **설**			

学

1학년

배우다 **학**
8획

음 がく / がっ

学生 학생　学割 학생 할인　学士 학사　学科 학과

훈 まなぶ

学ぶ 배우다

'배우다'라고 하는 일본어 동사에는 「学(まな)ぶ」와 「習(なら)う」두 가지로 활용한다.

これは学割で買ったものです。 이것은 학생 할인으로 산 것입니다.
日本語を学びたいです。 일본어를 배우고 싶습니다.

校

1학년

학교 **교**
10획

음 こう

学校 학교　校正 교정　転校 전학　母校 모교

学校の図書館は広いです。 학교 도서관은 넓습니다.
この学校は私の母校です。 이 학교는 나의 모교입니다.

先

1학년

먼저 **선**
6획

음 せん

先頭 선두　先着 선착　先輩 선배　優先 우선

훈 さき

先に 먼저　先んじる 앞서다

先頭に立ってください。 선두에 서 주세요.
お先に失礼します。 먼저 실례하겠습니다.

生

1학년

낳다/살다 **생**
5획

음 せい / しょう

生徒 생도　人生 인생　先生 선생님　生涯 생애

훈 いきる / いける / いかす / うむ / うまれる
／ お ／ き ／ なま ／ はえる ／ はやす

生きる 살다　生ける 꽂꽂이하다　生かす 살리다　生む 낳다
生まれる 태어나다　生い立ち 성장내력　生地 옷감　生意気 건방짐
生える 나다　生やす 기르다

生む・生まれる는 産む・産まれる로도 표기한다.

人生はいろいろです。 인생은 여러 가지입니다.
個性を生かせた仕事がしたいです。 개성을 살릴 수 있는 일이 하고 싶습니다.

教

가르치다 **교**

11획

2학년

음 きょう

教科書 교과서　教授 교수　教官 교관

훈 おしえる

教える 가르치다　教わる 가르침을 받다

教科書を家に置いてきました。교과서를 집에 두고 왔습니다.
日本語を教えてください。일본어를 가르쳐 주세요.

師

스승 **사**

10획

5학년

음 し

恩師 은사　師弟 사제　教師 교사

あの先生とは師弟関係です。저 선생님과는 사제관계입니다.
英語の教師をやっています。영어 교사를 하고 있습니다.

講

풀이하다 **강**

17획

5학년

음 こう

開講 개강　講義 강의　講習 강습
講じる (대책을)강구하다　講ずる (대책을)강구하다

開講日は４月２日です。개강일은 4월 2일입니다.
講義時間は午後１時からです。강의 시간은 오후 1시부터입니다.

義

옳다 **의**

13획

5학년

음 ぎ

意義 의의　義理 의리　信義 신의

tip
義理(ぎり)の兄弟(きょうだい)란 형제·자매의 배우자를 나타내는 말로 처남, 동서, 형부 등을 가리킵니다.

そうやることに意義があります。그렇게 하는 것에 의의가 있습니다.
義理の兄弟です。의리의 형제입니다.

3학년

宿

묵다 **숙**
11획

음 しゅく

宿命 숙명　旅宿 여숙

훈 やど / やどる / やどす

宿 묵을 곳　宿る 머물다　宿す 품다, 간직하다

これが私たちの宿命です。 이것이 우리들의 숙명입니다.
宿を予約します。 머물 곳을 예약하겠습니다.

tip

우리말에 '머물다'라는 의미의 일본어 동사로는 「泊(と)まる」와 「宿(やど)る」가 있다.

3학년

題

표제 **제**
18획

음 だい

課題 과제　宿題 숙제　題目 제목

夏休みの宿題が多いです。 여름방학 숙제가 많습니다.
題目を決めてください。 제목을 정해 주세요.

5학년

復

회복하다 **복**
다시 **부**
12획

음 ふく

復活 부활　復元 복원　報復 보복

商店街を復活させたいです。 상점가를 부활시키고 싶습니다.
元通りに復元しました。 원래대로 복원했습니다.

tip

'부활'의 일본어 발음 「復活(ふっかつ)」처럼 「ふく」는 か행의 음절 앞에서는 「ふっ」으로 발음한다.

3학년

習

익히다 **습**
11획

음 しゅう

習字 습자　学習 학습　風習 풍습　復習 복습

훈 ならう

習う 배우다

日本の風習と大きく違います。 일본의 풍습과 크게 다릅니다.
日本語を習っている人が増えました。 일본어를 배우고 있는 사람이 늘었습니다.

6학년

論

말하다 **논**
15획

음 ▶ **ろん**

公論 공론　論文 논문　論語 논어　論じる 논하다　論ずる 논하다

論文に引用した文章です。 논문에 인용한 문장입니다.
会議室で論じています。 회의실에서 논하고 있습니다.

5학년

述

말하다 **술**
8획

음 ▶ **じゅつ**

叙述 서술　記述 기술　論述 논술

훈 ▶ **のべる**

述べる 말하다

次の問題を読み、自由に叙述しなさい。

다음 문제를 읽고 자유롭게 서술하시오.
ご自由に意見を述べてください。 자유롭게 의견을 말해 주세요.

4학년

賞

칭찬하다 **상**
15획

음 ▶ **しょう**

鑑賞 감상　賞金 상금　賞する 상하다, 칭찬하다

私の趣味は映画鑑賞です。 내 취미는 영화 감상입니다.
賞金がかかっています。 상금이 걸려 있습니다.

5학년

状

형상 **상**
문서 **장**
7획

음 ▶ **じょう**

症状 증상　賞状 상장　状態 상태

症状が悪化しました。 증상이 악화되었습니다.
健康状態が良くないです。 건강상태가 좋지 않습니다.

質 모양 질 15획

음 しつ / しち / ち

質量 질량　質屋 전당포　質素 검소　言質 언질

質量は同じです。 질량은 같습니다.
質屋でカメラを買いました。 전당포에서 카메라를 샀습니다.

問 묻다 문 11획

음 もん

疑問 의문　設問 설문　問題 문제　質問 질문

훈 とう

問う 묻다　問い合わせ 문의　問わず 불문하고

問題を出します。 문제를 내겠습니다.
責任は問いません。 책임은 묻지 않겠습니다.

平 평평하다 평 5획

음 へい / びょう

水平 수평　地平 지평　平地 평지　平等 평등

훈 たいら

平ら 평평함　平らにする 평평하게 하다

水平線は海で見られます。 수평선은 바다에서 볼 수 있습니다.
平らにしてください。 평평하게 해 주세요.

均 평평하다 균 7획

음 きん

均一 균일　均等 균등　平均 평균

均等に分けてください。 균등하게 나누어 주세요.
成績が平均的に悪いです。 성적이 평균적으로 나쁩니다.

6학년

専

오로지 **전**
9획

음 せん

せんぎょう せんばい せんもん
専業 전업　専売 전매　専門 전문

훈 もっぱら

もっぱ
専ら 오로지

せんぎょうしゅふ へ
専業主婦がかなり減りました。 전업주부가 상당히 줄어들었습니다.

もっぱ に ほん ご べんきょう
専ら日本語の勉強ばかりしています。

오로지 일본어 공부만 하고 있습니다.

4학년

功

공 **공**
5획

음 こう / く

こうせき こうろう せんこう くりき
功績 공적　功労 공로　専攻 전공　功力 공력

훈 せめる

せ
攻める 공격하다

かがや こうせき
輝かしい功績です。 훌륭한 공적입니다.

てき せ おも
敵にここまで攻められるとは思いませんでした。

적에게 이렇게까지 공격당하리라고는 생각하지 못했습니다.

4학년

欠

빠지다 **결**
4획

음 けつ

けっかん けっしょく けっきん
欠陥 결함　欠食 결식　欠勤 결근

훈 かける

か
欠る 빠지다, 결여하다

tip
「欠(けつ)」는 か행·さ행 앞의 음절에서는 「けっ」로 발음된다.

き かい けっかん み
機械に欠陥が見つかりました。 기계에 결함이 발견되었습니다.

かんじん か
肝心なことが欠ました。 중요한 것이 빠졌습니다.

4학년

席

자리 **석**
10획

음 せき

ざ せき しゅせき しゅせき せき じ けっせき
座席 좌석　主席 주석　首席 수석　席次 석차　欠席 결석

ざ せき ゆず
座席を譲ります。 좌석을 양보하겠습니다.

かれ しゅせき ごうかく
彼は首席で合格しました。 그는 수석으로 합격했습니다.

3학년

級

등급 급

9획

음 きゅう

１級 1급　上級 상급　進級 진급

彼女の日本語のレーベルは上級です。 그녀의 일본어 수준은 상급입니다.

上級のクラスに進級しました。 상급 클래스로 진급했습니다.

3학년

返

돌아오다 반

7획

음 へん

返却 반환　返事 답변　返信 답장

훈 かえす / かえる

返す 되돌려주다　返る 돌아오다

返事は日本語でしてください。 답변은 일본어로 해 주세요.

金曜日までに返してください。 금요일까지 돌려 주세요.

3학년

板

널 판

8획

음 はん / ばん

板刻 판각　甲板 갑판　鉄板 철판

훈 いた

板 판자　まな板 도마

鉄板焼の店が多くなりました。 철판구이 가게가 많아졌습니다.

包丁はまな板の上にあります。 부엌칼은 도마 위에 있습니다.

3학년

筆

붓 필

12획

음 ひつ

鉛筆 연필　万年筆 만년필

훈 ふで

筆 붓

鉛筆で書いてください。 연필로 쓰세요.

筆で詩を書きます。 붓으로 시를 씁니다.

卒

4학년

하인 **졸**
8획

음 そつ

高卒 고졸 卒業 졸업 中卒 중졸 兵卒 병졸

高卒以上の資格が必要です。 고졸 이상의 자격이 필요합니다.
毎年2月には卒業式があります。 매년 2월에는 졸업식이 있습니다.

堂

4학년

집 **당**
11획

음 どう

講堂 강당 聖堂 성당 堂々と 당당히

講堂で朝会をしました。 강당에서 조회를 했습니다.
聖堂で結婚式を挙げました。 성당에서 결혼식을 올렸습니다.

舍

5학년

집 **사**
8획

음 しゃ

官舍 관사 校舍 교사 寄宿舍 기숙사

예외 田舍 시골

官舍のアパートに引っ越しました。 관사 아파트로 이사했습니다.
寄宿舍は新しい建物です。 기숙사는 새 건물입니다.

課

4학년

시험하다 **과**
15획

음 か

課業 과업 課税 과세 課する 부과하다

課税率が高くなりました。 과세율이 높아졌습니다.
税金を課しました。 세금을 부과했습니다.

室 집 실 9획
2학년

음 ▶ **しつ**
教室 교실　室内 실내

훈 ▶ **むろ**
室 집　室町時代 무로마치 시대(1338~1573년의 시대 명칭)

室内温度が高いです。실내 온도가 높습니다.

着物は室町時代の普段着でした。

기모노는 무로마치 시대의 평상복이었습니다.

徒 무리 도 10획
4학년

음 ▶ **と**
学徒 학도　生徒 생도, 학생　暴徒 폭도

生徒が運動場に集まりました。학생이 운동장에 모였습니다.

昨日、暴徒に襲われました。어제 폭도에게 습격을 당했습니다.

留 머무르다 류 10획
5학년

음 ▶ **りゅう / る**
留学 유학　留守 부재중

훈 ▶ **とまる / とめるめる**
留める 고정시키다　留める 머무르다, 만류하다

日本で留学中です。일본에서 유학 중입니다.

彼の辞職を留めなくてもいいです。그의 사직을 말리지 않아도 좋습니다.

見 보다 견 7획
1학년

음 ▶ **けん**
発見 발견　見学 견학　見聞 견문

훈 ▶ **みる / みえる / みせる**
見る 보다　見せる (남에게)보이다　見える 보이다　見習い 견습

東京へ見学に行きます。도쿄에 견학을 갑니다.

テレビを見ています。텔레비전을 보고 있습니다.

3학년

登

오르다 **등**

12획

음 ▶ **とう / と**

登場 등장　登校 등교　登録 등록　登山 등산

훈 ▶ **のぼる**

登る 오르다　登り坂 오르막길

登校しない小学生が多いです。 등교하지 않는 초등학생이 많습니다.

高い山に登ります。 높은 산에 오릅니다.

6학년

班

나누다 **반**

10획

음 ▶ **はん**

班 반　班長 반장

二つの班に分けました。 두 개 반으로 나누었습니다.

班長に任命されした。 반장에 임명되었습니다.

4학년

説

말씀 **설**

14획

음 ▶ **せつ / ぜい**

学説 학설　説明 설명　説教 설교　遊説 유세

훈 ▶ **とく**

説く 말하다, 설득하다

説明が難しいです。 설명이 어렵습니다.

世間の道理を説いています。 세상의 이치를 설명하고 있습니다.

아래에서 단어가 되는 한자의 짝을 찾아 빈 칸에 써 보세요.

状　　席　　師
講　　生　　説　　先
学　　均　　習

① 教 ☐　　　　⑥ ☐ 義

② 賞 ☐　　　　⑦ ☐ 生

③ 欠 ☐　　　　⑧ ☐ 徒

④ 平 ☐　　　　⑨ ☐ 校

⑤ 復 ☐　　　　⑩ ☐ 明

安	全	救	助	配	達
편안하다 **안**	온통 **전**	구원하다 **구**	돕다 **조**	짝짓다 **배**	이르다 **달**
品	種	農	耕	郵	便
물건 **품**	씨심다 **종**	농사 **농**	갈다 **경**	역말 **우**	편하다 **편**/똥오줌 **변**
次	第	実	際	宣	言
버금 **차**	차례 **제**	열매 **실**	사이 **제**	베풀다 **선**	말하다 **언**
祝	典	豊	作	燃	燒
빌다 **축**	법 **전**	풍년들다 **풍**	짓다 **작**	타다 **연**	타다 **소**
測	量	荷	商	箱	橋
재다 **측**	양 **량**	짐 **하**	장사 **상**	상자 **상**	다리 **교**
申	由	司	型	署	績
아뢰다 **신**	말미암다 **유**	맡다/벼슬 **사**	모형 **형**	임명하다 **서**	잣다 **적**

安 편안하다 안 6획

3학년

음 あん
安保 안보　保安 보안　不安 불안

훈 やすい
安い (값이)싸다

不安でしかたがありません。 불안해서 어쩔 수가 없습니다.
もう少し安いのはありませんか。 조금 더 싼 것은 없습니까?

tip
「安保(あんぽ)」와 「保安
(ほあん)」에서 「保」의 발
음은 앞에서는 「ほ」로, 뒤
에서는 「ぽ」로 발음된다.

全 온통 전 6획

3학년

음 ぜん
全国 전국　全体 전체　全部 전부　安全 안전

훈 まったく
全く 완전히, 아주

全国的に雪が降っています。 전국적으로 눈이 내리고 있습니다.
全く分かりません。 완전히 모르겠습니다.

救 구원하다 구 11획

4학년

음 きゅう
救命 구명　救急車 구급차

훈 すくう
救う 구하다　救い出す 구해내다

救命胴衣を着てください。 구명 조끼를 입으세요.
人の命を救いました。 사람의 생명을 구했습니다.

助 돕다 조 7획

3학년

음 じょ
賛助 찬조　助手 조수　助言 조언　共助 공조　救助 구조

훈 たすける / たすかる / すけ
助ける 돕다　助かる 도움이 되다, 살아나다　助っ人 조력자

励ましの助言で勇気を出しました。 격려의 조언으로 용기를 냈습니다.
助けてください。 도와 주세요.

3학년

配
짝짓다 **배**
10획

- 음 **はい**
  宅配 택배　配達 배달　配給 배급　分配 분배
- 훈 **くばる**
  配る 배부하다

宅配サービスは安全で速いです。 택배 서비스는 안전하고 빠릅니다.

チラシを配りました。 전단지를 배포했습니다.

4학년

達
이르다 **달**
12획

- 음 **たつ**
  上達 숙달　達成 달성　到達 도달

配達をお願いします。 배달을 부탁하겠습니다.

目標を達成しました。 목표를 달성했습니다.

3학년

品
물건 **품**
9획

- 음 **ひん**
  品詞 품사　品質 품질　品目 품목
- 훈 **しな**
  品 물건　品物 물건, 상품

品質がよくなりました。 품질이 좋아졌습니다.

返品された品物です。 반품된 물건입니다.

4학년

種
씨심다 **종**
14획

- 음 **しゅ**
  種類 종류　雑種 잡종　品種 품종
- 훈 **たね**
  種 씨앗

種類が多いです。 종류가 많습니다.

スイカの種は食べます。 수박씨는 먹습니다.

3학년

農
농사 **농**
13획

음 のう

自作農 자작농　農学 농학　農業 농업　農村 농촌　農水産 농수산

農業国から工業国に発展しました。 농업국에서 공업국으로 발전했습니다.

農村は人手が足りません。 농촌은 사람손이 부족합니다.

5학년

耕
갈다 **경**
10획

음 こう

耕作 경작　耕地 경지　農耕 농경

훈 たがやす

耕す (논밭을)갈다

日本で農耕が始まったのはいつですか。

일본에서 농경이 시작된 것은 언제입니까?

牛が畑を耕しています。 소가 밭을 갈고 있습니다.

6학년

郵
역말 **우**
11획

음 ゆう

郵便局 우체국　郵送 우송　郵便物 우편물

郵便局はどこですか。 우체국은 어디에 있습니까?

郵便物を郵送しました。 우편물을 우송했습니다.

4학년

便
편하다 **편**
똥오줌 **변**
9획

음 べん / びん

交通便 교통편　不便 불편　便器 변기　便利 편리

훈 たより

便り 소식

交通便が不便です。 교통편이 불편합니다.

母から便りがありました。 어머니로부터 소식이 있었습니다.

次

버금 **차**
6획

음 じ / し
次席 차석　次男 차남　順次 차례　次第に 차츰

훈 つぐ / つぎ
次ぐ 뒤를 잇다　次 다음

順次にやってください。 차례대로 하세요.
次の駅で降ります。 다음 역에서 내립니다.

第

차례 **제**
11획

음 だい
及第 급제　次第 순서　第一 제일, 우선

次第に問題を解決します。 순서대로 문제를 해결하겠습니다.
技術は天下一です。 기술은 천하제일입니다.

実

열매 **실**
8획

음 じつ
実験 실험　実習 실습　実践 실천　事実 사실　現実 현실

훈 み / みのる
実 열매　実る 열매를 맺다

実験に成功しました。 실험에 성공했습니다.
いい結果で実を結びます。 좋은 결과로 열매를 맺겠습니다.

際

사이 **제**
14획

음 さい
国際 국제　交際 교제　実際 실제

훈 きわ
際 가장자리　窓際 창가

国際的な人物です。 국제적인 인물입니다.
窓際に花瓶をおきました。 창가에 화병을 놓았습니다.

6학년

宣 베풀다 **선**
9획

음 ▶ **せん**

宣言 선언 宣伝 선전 宣教 선교

アジア大会を宣言しました。 아시아대회를 선언했습니다.
宣伝してください。 선전해 주세요.

2학년

言 말하다 **언**
7획

음 ▶ **げん / ごん**

直言 직언 言動 언동 遺言 유언 言語道断 언어도단

훈 ▶ **いう / こと**

言う 말하다 言葉 말

父が遺言を残しました。 아버지가 유언을 남겼습니다.
何でも言ってください。 무엇이든 말해 주세요.

4학년

祝 빌다 **축**
9획

음 ▶ **しゅう / しゅく**

祝儀 축의금 祝福 축복 祝詞 축사

훈 ▶ **いわう**

祝う 축하하다

祝詞を述べました。 축사를 했습니다.
卒業を祝う飲み会があります。 졸업을 축하하는 술 모임이 있습니다.

4학년

典 법 **전**
8획

음 ▶ **てん**

辞典 사전 祝典 축전 典型 전형 経典 경전

この漢字は辞典に載っています。 이 한자는 사전에 실려 있습니다.
典型的な姿です。 전형적인 모습입니다.

5学년

豊
풍년들다 **풍**
13획

- 음 ▶ **ほう**
  - 豊作 풍작　豊年 풍년　豊満 풍만
- 훈 ▶ **ゆたか**
  - 豊かだ 풍부하다

豊作で米が余ります。 풍작으로 쌀이 남습니다.
豊かな知識を持っています。 풍부한 지식을 갖고 있습니다.

2学년

作
짓다 **작**
7획

- 음 ▶ **さく / さ**
  - 作成 작성　作業 작업
- 훈 ▶ **つくる**
  - 作る 만들다

文章を作成してください。 문장을 작성해 주세요.
中華料理を作ります。 중국요리를 만듭니다.

5学년

燃
타다 **연**
16획

- 음 ▶ **ねん**
  - 燃焼 연소　燃料 연료
- 훈 ▶ **もえる / もやす / もす**
  - 燃える 불타다　燃やす 불태우다　燃す 불태우다

燃料タンクが小さいです。 연료 탱크가 작습니다.
家が燃えてしまいました。 집이 불타 버렸습니다.

4学년

焼
타다 **소**
12획

- 음 ▶ **しょう**
  - 焼却 소각　焼失 소실
- 훈 ▶ **やく / やける**
  - 焼く 타다, 굽다　焼ける 구워지다

家が焼失されました。 집이 소실되었습니다.
日差で皮膚が焼けました。 햇볕으로 피부가 탔습니다.

5학년

測 재다 측 12획

음 そく
推測 추측　測定 측정　予測 예측

훈 はかる
測る 재다, 달다

見事に推測が当りました。 멋지게 추측이 맞았습니다.
体重を測ってみます。 몸무게를 재 보겠습니다.

4학년

量 양 량 12획

음 りょう
裁量 재량　測量 측량　物量 물량　分量 분량

훈 はかる
量る 무게를 달다

裁量に任せます。 재량에 맡기겠습니다.
小包を量ってください。 소포를 달아 주세요.

3학년

荷 짐 하 10획

음 か
荷重 하중　出荷 출하

훈 に
荷う 지다　手荷物 수하물　荷物 짐

荷物の荷重に耐えることができません。 짐의 가중에 견딜 수가 없습니다.
荷物のない方は通過してください。 짐이 없는 분은 통과하세요.

3학년

商 장사 상 11획

음 しょう
協商 협상　商業 상업　商品 상품　通商 통상

훈 あきなう
商う 장사하다　商い中 영업 중

商品を整理してください。 상품을 정리해 주세요.
商い中です。 영업 중입니다.

tip
'영업중'이라고 하는 표현으로는 「営業中(えいぎょうちゅう)」와 「商(あきな)い中(ちゅう)」 두 가지를 사용한다.

箱

3학년

상자 **상**

15획

훈 はこ

<ruby>箱<rt>はこ</rt></ruby> 상자　<ruby>宝石箱<rt>ほうせきばこ</rt></ruby> 보석함

<ruby>箱<rt>はこ</rt></ruby>の<ruby>中<rt>なか</rt></ruby>に<ruby>人形<rt>にんぎょう</rt></ruby>が<ruby>入<rt>はい</rt></ruby>っています。상자 안에 인형이 들어 있습니다.

<ruby>宝石箱<rt>ほうせきばこ</rt></ruby>に<ruby>指輪<rt>ゆびわ</rt></ruby>があります。보석함에 반지가 있습니다.

橋

3학년

다리 **교**

16획

음 きょう

<ruby>鉄橋<rt>てっきょう</rt></ruby> 철교　<ruby>歩道橋<rt>ほどうきょう</rt></ruby> 육교

훈 はし

<ruby>橋<rt>はし</rt></ruby> 다리　<ruby>石橋<rt>いしばし</rt></ruby> 돌다리

<ruby>歩道橋<rt>ほどうきょう</rt></ruby>は<ruby>不便<rt>ふべん</rt></ruby>です。육교는 불편합니다.

<ruby>石橋<rt>いしばし</rt></ruby>を<ruby>渡<rt>わた</rt></ruby>ってください。돌다리를 건너 주세요.

申

3학년

아뢰다 **신**

5획

음 しん

<ruby>申請<rt>しんせい</rt></ruby> 신청　<ruby>申告<rt>しんこく</rt></ruby> 신고

훈 もうす

<ruby>申<rt>もう</rt></ruby>す 말하다(겸양어)

<ruby>申告<rt>しんこく</rt></ruby>する<ruby>物<rt>もの</rt></ruby>はありません。신고할 물건은 없습니다.

<ruby>田中<rt>たなか</rt></ruby>と<ruby>申<rt>もう</rt></ruby>します。다나카라고 합니다.

由

3학년

말미암다 **유**

5획

음 ゆ / ゆい / ゆう

<ruby>由来<rt>ゆらい</rt></ruby> 유래　<ruby>由緒<rt>ゆいしょ</rt></ruby> 유서　<ruby>理由<rt>りゆう</rt></ruby> 이유

훈 よし

<ruby>由<rt>よし</rt></ruby> 연유

<ruby>理由<rt>りゆう</rt></ruby>が<ruby>適切<rt>てきせつ</rt></ruby>ではありません。이유가 적절하지 않습니다.

ことの<ruby>由<rt>よし</rt></ruby>を<ruby>聞<rt>き</rt></ruby>いてもいいですか。사정을 물어도 되겠습니까?

4학년

司

맡다/벼슬 **사**
5획

음 し
司会 사회　司法 사법　司令 사령

結婚式の司会をしました。 결혼식 사회를 했습니다.
司令官の命令です。 사령관의 명령입니다.

4학년

型

모형 **형**
9획

음 けい
原型 원형　模型 모형

훈 かた
型 형, 본, 틀

原型通りに作りました。 원형대로 만들었습니다.
模型の型を製作しました。 모형 틀을 제작했습니다.

6학년

署

임명하다 **서**
13획

음 しょ
消防署 소방서　署長 서장　署名 서명

消防署の署長に昇進しました。 소방서의 서장으로 승진했습니다.
ここに署名してください。 여기에 서명해 주세요.

5학년

績

잣다 **적**
17획

음 せき
業績 업적　成績 성적　実績 실적

예외 績む (실을)잣다

業績が目立っています。 업적이 눈에 띄고 있습니다.
成績が上がってプレゼントをいただきました。 성적이 올라서 선물을 받았습니다.

다음 한자의 알맞은 음에 동그라미 해 보세요.

① 安 안 전

② 救 구 조

③ 達 배 달

④ 品 품 종

⑤ 耕 농 경

⑥ 郵 우 편

⑦ 際 실 제

⑧ 祝 축 전

⑨ 燃 연 소

⑩ 申 신 유

仕	事	業	務	報	告	経
섬기다 **사**	일 **사**	업 **업**	힘쓰다 **무**	갚다 **보**	고하다 **고**	날실 **경**
営	利	益	幹	部	就	職
경영하다 **영**	이롭다 **리**	더하다 **익**	줄기 **간**	분류 **부**	나아가다 **취**	구실 **직**
勤	勉	条	件	代	表	辞
힘쓰다 **근**	힘쓰다 **면**	가지 **조**	사항 **건**	대신하다 **대**	겉 **표**	말 **사**
退	反	対	推	進	探	訪
물러나다 **퇴**	뒤집다 **반**	대하다 **대**	밀다 **추**	나아가다 **진**	찾다 **탐**	방문하다 **방**
除	名	命	令	略	式	拡
덜다 **제**	이름 **명**	목숨 **명**	명령 **령**	간략하다 **략**	법 **식**	넓히다 **확**
張	寄	付	副	社	警	
베풀다 **장**	맡기다 **기**	주다 **부**	돕다 **부**	땅귀신 **사**	경계하다 **경**	

仕

3학년

섬기다 **사**
5획

음 し / じ
仕上げ 마무리 奉仕 봉사 仕組み 짜임새

훈 つかえる
仕える 시중들다, 섬기다

奉仕する心で仕事します。 봉사하는 마음으로 일합니다.
病床の夫に仕えます。 병상에 있는 남편을 시중듭니다.

事

3학년

일 **사**
8획

음 じ / ず
火事 화재 無事 무사

훈 こと
事 일, 것 仕事 일, 직업

市場で火事が発生しました。 시장에서 화재가 발생했습니다.
どんな事があっても行きません。 어떤 일이 있어도 가지 않습니다.

業

3학년

업 **업**
13획

음 ぎょう / ごう
業種 업종 失業 실업 事業 사업 業報 업보

훈 わざ
仕業 행위, 짓

業種は何ですか。 업종은 무엇입니까?
個人情報の流出は誰の仕業なのか捜査中です。

개인정보 유출은 누구의 소행인지 조사 중입니다.

務

5학년

힘쓰다 **무**
11획

음 む
義務 의무 公務 공무 事務 사무 業務 업무

훈 つとめる
務める 일하다, 임무를 맡다

納税は国民の義務です。 납세는 국민의 의무입니다.
熱心に務めています。 열심히 근무하고 있습니다.

報

갚다 **보**

12획

5학년

음 ほう

速報 속보　電報 전보　報道 보도

훈 むくいる

報いる 보답하다, 갚다

電報を打ちました。 전보를 쳤습니다.
先生の恩に報います。 선생님 은혜에 보답하겠습니다.

告

고하다 **고**

7획

4학년

음 こく

通告 통고　被告 피고　報告 보고

훈 つげる

告げる 고하다

上司に報告をしてください。 상사에게 보고해 주세요.
彼女に別れを告げました。 여자친구에게 이별을 고했습니다.

経

날실 **경**

11획

5학년

음 けい / きょう

経済 경제　経由 경유　お経 불경

훈 へる / たつ

経る 경과하다, 지나다　経つ (시간이)지나다

日本は経済大国になりました。 일본은 경제대국이 되었습니다.
大阪を経て東京へ行きました。 오사카를 지나서 도쿄로 갔습니다.

営

경영하다 **영**

12획

5학년

음 えい

営業 영업　経営 경영

훈 いとなむ

営む 경영하다

営業実績が少ないです。 영업 실적이 적습니다.
スパを営んでいます。 슈퍼마켓을 경영하고 있습니다.

4학년	**利** 이롭다 **리** 7획	**음** **り** 福利 복리　営利 영리
		훈 **きく** 利く 잘 움직이다
		この写真は営利目的では使えません。 이 사진은 영리 목적으로는 사용할 수 없습니다. 気が利きます。 재치가 있습니다.

5학년	**益** 더하다 **익** 10획	**음** **えき / やく** 公益 공익　増益 증익　損益 손익　利益 이익
		예외 **益々** 점점 더
		この仕事は公益事業です。 이 일은 공익 사업입니다. 投資をして利益を出します。 투자를 해서 이익을 내겠습니다.

5학년	**幹** 줄기 **간** 13획	**음** **かん** 幹事 간사　幹線 간선　主幹 주간
		훈 **みき** 幹 나무줄기, 주요 부분
		自由党の幹事です。 자유당의 간사입니다. その木は幹が三つに分かれためずらしい形をしていました。 그 나무는 줄기가 세 개로 갈라진 보기 드문 형태를 하고 있었습니다.

3학년	**部** 분류 **부** 11획	**음** **ぶ** 一部 일부　部署 부서　部長 부장　部分 부분　大部分 대부분　幹部 간부
		예외 **部屋** 방
		一部は修正してください。 일부는 수정해 주세요. 大部分の人が男です。 대부분의 사람이 남자입니다.

6학년

就
나아가다 **취**
12획

음 しゅう / じゅ
就業 취업　就任 취임　成就 성취

훈 つく
就く 종사하다

目的を成就して嬉しいです。 목적을 성취해서 기쁩니다.
会長の座に就きました。 회장 자리에 올랐습니다.

5학년

職
구실 **직**
18획

음 しょく
職業 직업　就職 취직　職場 직장

就職ができなくて遊んでいます。 취직이 안 되어서 놀고 있습니다.
職場ではちゃんと仕事をしてください。 직장에서는 똑바로 일해 주세요.

6학년

勤
힘쓰다 **근**
12획

음 きん / ごん
勤務 근무　出勤 출근　通勤 통근

훈 つとめる
勤める 근무하다　勤め先 근무처　勤む 열심히 힘쓰다

明日から出勤します。 내일부터 출근하겠습니다.
勤めていた会社を辞めました。 근무하고 있던 회사를 그만두었습니다.

3학년

勉
힘쓰다 **면**
10획

음 べん
勤勉 근면　勉学 면학　勉強 공부

彼は勤勉な人です。 그는 근면한 사람입니다.
一生懸命に勉強します。 열심히 공부하겠습니다.

条 가지 조 (7획) — 5학년

음 じょう

条件 조건　条項 조항　条約 조약

入社条件が厳しいです。 입사 조건이 까다롭습니다.
国際条約に従って進めてください。 국제 조약에 따라서 진행해 주세요.

件 사항 건 (6획) — 5학년

음 けん

案件 안건　事件 사건　物件 물건　用件 용건

以上の案件で会議をします。 이상의 안건으로 회의를 하겠습니다.
何かご用件でもありますか。 무슨 용건이라도 있습니까?

代 대신하다 대 (5획) — 3학년

음 だい

代名詞 대명사　時代 시대　代行 대행　歴代 역대

훈 かわる / かえる / よ / しろ

代わる 대신하다　代える 교환하다　代々木 요요기(지명)
身代金 (인질의)몸값

時代の流れを分かってください。 시대의 흐름을 아세요.
友達の代わりに私がやります。 친구 대신에 내가 하겠습니다.

表 겉 표 (8획) — 3학년

음 ひょう

表 표　発表 발표　代表 대표

훈 おもて / あらわす / あらわれる

裏表 안팎, 안과 겉　表す 나타내다, 드러내다　表れる 드러나다

表で表します。 표로 나타내겠습니다.
裏表が違います。 겉과 속이 다릅니다.

4学年 · 辞 · 말 사 · 13획

음 じ
辞書 사전　辞表 사표　辞任 사임　祝辞 축사

훈 やめる
辞める 그만두다

> **tip**
> '그만두다'에는 '일을 그만두다'라고 말할 때에는 「辞(や)める」, '행동을 그만두다'라고 할 때에는 「止(や)める」를 사용한다.

辞表を出しました。 사표를 냈습니다.
会社を辞めました。 회사를 그만두었습니다.

5学年 · 退 · 물러나다 퇴 · 9획

음 たい
辞退 사퇴　退却 퇴각　退校 퇴교　退社 퇴사

훈 しりぞく / しりぞける
退く 물러나다, 후퇴하다　退ける 물리치다

校則違反で退校されました。 교칙 위반으로 퇴교되었습니다.
業界から退きました。 업계에서 물러났습니다.

3学年 · 反 · 뒤집다 반 · 4획

음 はん / ほん / たん
違反 위반　反射 반사　反問 반문　謀反 모반
反 논밭, 산림을 세는 단위

훈 そる / そらす
反る 휘다, 뒤다　反らす 뒤로 젖히다

交通ルールを違反する車が目立ちます。
교통 법규를 위반하는 차가 눈에 뜨입니다.
弓の矢が反っています。 활 화살이 휘어 있습니다.

3学年 · 対 · 대하다 대 · 7획

음 たい
応対 응대　対抗 대항　敵対 적대　反対 반대

電話応対の仕事です。 전화 응대하는 일입니다.
武力に対抗しました。 무력으로 대항했습니다.

推 밀다 추 (11획) — 6학년

음 すい
推移 추이　推理 추리　推量 추량

훈 おす
推す 밀다

推理小説が好きです。 추리소설을 좋아합니다.
委員会の会長に推します。 위원회의 회장으로 밀겠습니다.

進 나아가다 진 (11획) — 3학년

음 しん
昇進 승진　前進 전진　推進 추진

훈 すすむ / すすめる
進む 나아가다　進める 앞으로 나아가다

理事に昇進しました。 이사로 승진했습니다.
前へ進んでください。 앞으로 나아가세요.

探 찾다 탐 (11획) — 6학년

음 たん
探求 탐구　探検 탐험　探索 탐색

훈 さがす / さぐる
探す 찾다　探る 뒤지다, 탐색하다

探検小説はおもしろいです。 탐험소설은 재미있습니다.
手でポケットの中を探っています。 손으로 주머니 안을 뒤지고 있습니다.

訪 방문하다 방 (11획) — 6학년

음 ほう
探訪 탐방　訪問 방문　来訪 내방

훈 おとずれる / たずねる
訪れる 방문하다　訪ねる 방문하다

一度、訪問してください。 한 번 방문해 주세요.
暖かい春が訪れてきました。 따뜻한 봄이 찾아 왔습니다.

6학년

除
덜다 **제**
10획

음 ▶ **じょ / じ**
解除 해제 除外 제외 掃除 청소

훈 ▶ **のぞく**
除く 제외하다

今日は私が掃除当番です。 오늘은 내가 청소당번입니다.
一部を除いて全部やります。 일부를 제외하고 전부 합니다.

1학년

名
이름 **명**
6획

음 ▶ **めい / みょう**
氏名 씨명, 이름 著名 저명 除名 제명 名字 성씨

훈 ▶ **な**
名前 이름

氏名を書いてください。 이름을 써 주세요.
名前は何ですか。 이름은 무엇입니까?

tip
'성씨(姓氏)'를 말할 때에는 「氏(うじ)」를 많이 사용한다.

3학년

命
목숨 **명**
8획

음 ▶ **めい / みょう**
運命 운명 宿命 숙명 人命 인명 任命 임명 寿命 수명
命じる 명하다

훈 ▶ **いのち**
命 생명

運命の人と出会いました。 운명의 사람과 만났습니다.
父と母が命をくれました。 아버지와 어머니가 생명을 주었습니다.

4학년

令
명령 **령**
5획

음 ▶ **れい**
指令 지령 法令 법령 命令 명령

法令で決まっています。 법령으로 정해져 있습니다.
命令に従います。 명령에 따르겠습니다.

회사 **89**

5학년

略

간략하다 **략**
11획

음 りゃく

しょうりゃく 省略 생략　ぜんりゃく 前略 전략　りゃくじ 略字 약자

しょうりゃく
省略したことはありません。 생략한 것은 없습니다.

にほんご　かんじ　りゃくじ
日本語の漢字は略字です。 일본어 한자는 약자입니다.

3학년

式

법 **식**
6획

음 しき

けいしき 形式 형식　こうしき 公式 공식　しきじょう 式場 식장　りゃくしき 略式 약식

けいしきてき　こと　　き
形式的な事ですから気にしないでください。

형식적인 것이므로 신경쓰지 마십시오.

こうしきてき　　はっぴょう
公式的に発表します。 공식적으로 발표하겠습니다.

6학년

拡

넓히다 **확**
8획

음 かく

かくだい 拡大 확대　かくじゅう 拡充 확충　かくさん 拡散 확산

かくだい　　み
拡大して見せてください。 확대해서 보여주세오.

はなし　ひろ　かくさん
その話は広く拡散されました。 그 이야기는 널리 확산되었습니다.

5학년

張

베풀다 **장**
11획

음 ちょう

かくちょう 拡張 확장　きんちょう 緊張 긴장　しゅちょう 主張 주장

훈 はる

は
張る 뻗다, 펴다

かくちょうこうじ　　おく
拡張工事が遅れています。 확장 공사가 늦어지고 있습니다.

しほう　　　　は
四方につるが張りました。 사방으로 덩굴이 뻗었습니다.

寄 맡기다 기 11획
5학년

음 き

寄託 기탁　寄金 기금　寄宿 기숙　寄生 기생

훈 よる / よせる

寄る 접근하다, 맡기다　寄せる 밀려오다, 대다

寄託金は良いところに使われました。기탁금은 좋은 곳에 사용되었습니다.

少し左に寄ってください。조금 왼쪽으로 다가서 주세요.

付 주다 부 5획
4학년

음 ふ

交付 교부　付与 부여　添付 첨부　寄付 기부

훈 つく / つける

付く 붙다　付ける 붙이다

今日から願書を交付します。오늘부터 원서를 교부합니다.

印紙を付けてください。인지를 붙여 주세요.

tip
「添付(てんぷ)」는 「ん」발음 뒤에서는 「ぷ」로 발음됨에 주의하자.

副 돕다 부 11획
4학년

음 ふく

副詞 부사　副会長 부회장　副総理 부총리　副大統領 부통령

副詞は日本語の品詞です。부사는 일본어의 품사입니다.

副会長の代わりです。부회장 대리입니다.

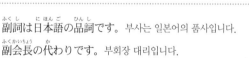

社 땅귀신 사 7획
2학년

음 しゃ

社会 사회　会社 회사　社員 사원　本社 본사

훈 やしろ

社 신을 모신 건물(신사)

大学を卒業して社会人になりました。

대학을 졸업하고 사회인이 되었습니다.

社は神を祭る場所です。야시로는 신을 받드는 장소입니다.

6학년

警

경계하다 **경**

19획

음 けい

警告 경고 警備 경비 警報 경보

警告しておきます。 경고해 두겠습니다.

警報サイレンが鳴りました。 경보음이 울렸습니다.

가장 복잡한 한자 따라 써보기

획순을 보고 따라 써 봅시다.

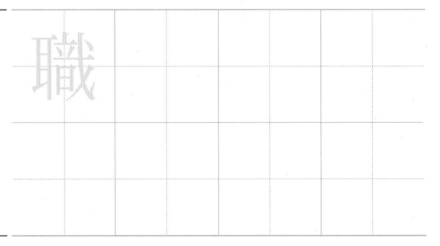

職

구실 **직**

※한자의 획순은 왼쪽에서 오른쪽으로, 위에서 아래로 쓰는 것을 기본으로 합니다.

남는 한자가 없도록 단어가 되는 한자를 짝지어 이어보세요.

① 事 ·　　　　　　　 · 訪

② 経 ·　　　　　　　 · 張

③ 勤 ·　　　　　　　 · 益

④ 探 ·　　　　　　　 · 営

⑤ 反 ·　　　　　　　 · 令

⑥ 拡 ·　　　　　　　 · 業

⑦ 利 ·　　　　　　　 · 退

⑧ 代 ·　　　　　　　 · 表

⑨ 命 ·　　　　　　　 · 勉

⑩ 辞 ·　　　　　　　 · 対

急	速	貿	易	共	栄	財
급하다 **급**	빠르다 **속**	장사하다 **무**	바꾸다 **역**/쉽다 **이**	함께 **공**	번영하다 **영**	재물 **재**
産	賃	借	支	給	回	収
낳다 **산**	품삯 **임**	빌리다 **차**	버티다 **지**	주다 **급**	돌다 **회**	거두다 **수**
減	税	密	輸	原	因	責
줄다 **감**	구실 **세**	빽빽하다 **밀**	보내다 **수**	근원 **원**	인하다 **인**	꾸짖다 **책**
任	過	熱	効	果	貯	貨
맡기다 **임**	지나다/허물 **과**	열 **열**	본받다 **효**	열매 **과**	쌓다 **저**	돈 **화**
銅	銭	価	値	費	貸	預
구리 **동**	돈 **전**	값 **가**	값 **치**	쓰다 **비**	빌리다 **대**	미리 **예**
資	株	済	権	額		
재물 **자**	주식 **주**	건너다 **제**	권세 **권**	이마 **액**		

急 급하다 급 9획

3학년

음 **きゅう**

急激 급격　急行 급행　特急 특급　急変 급변　急用 급한 용무

훈 **いそぐ**

急ぐ 서두르다

急用ができました。 급한 일이 생겼습니다.

急いでください。 서둘러 주세요.

速 빠르다 속 10획

3학년

음 **そく**

快速 쾌속　速達 속달　速度 속도　急速 급속

훈 **はやい / はやめる / すみやか**

速い 빠르다　速める 서두르다　速やかに 신속히

速達で送りました。 속달로 보냈습니다.

速いスピードを出しました。 빠른 속도를 냈습니다.

> tip
> 「早(はや)い」는 '시간이 빠르다'라고 할 때 사용하고 「速(はや)い」는 '속도가 빠르다'라고 할 때 사용한다.

貿 장사하다 무 12획

5학년

음 **ぼう**

貿易 무역

貿易黒字でボーナスが出ました。 무역 흑자로 보너스가 나왔습니다.

日本はアメリカとの貿易が最も盛んです。

일본은 미국과의 무역이 가장 활발합니다.

易 바꾸다 역 쉽다 이 8획

5학년

음 **えき / い**

交易 교역　容易 용이

훈 **やさしい**

易しい 쉽다

昔から中国と交易がありました。 옛날부터 중국과 교역이 있었습니다.

試験問題を易しく出してください。 시험 문제를 쉽게 내 주세요.

共 함께 공 (6획)

음 きょう
共産党 공산당　共同 공동　共通 공통

훈 とも
共に 함께

共同で研究しています。 공동으로 연구하고 있습니다.

みんなと共に行きます。 여러분과 함께 가겠습니다.

栄 번영하다 영 (9획)

음 えい
栄光 영광　栄養 영양　共栄 공영

훈 さかえる / はえ
栄える 번영하다　栄え 영광

栄養不足で痩せました。 영양 부족으로 말랐습니다.

事業が栄えました。 사업이 번창했습니다.

財 재물 재 (10획)

음 ざい / さい
財団 재단　財布 돈지갑

財布の中が空っぽです。 지갑 안이 텅텅 비었습니다.

財団理事になりました。 재단 이사가 되었습니다.

産 낳다 산 (11획)

음 さん
生産 생산　産業 산업　水産業 수산업　財産 재산

훈 うむ / うまれる / うぶ
産む 생산하다　産まれる 태어나다　産声 갓난 아기의 첫 울음 소리

예외 土産 선물

工場でゴムを生産しています。 공장에서 고무를 생산하고 있습니다.

悪い結果を産みました。 나쁜 결과를 낳았습니다.

6학년

賃
품삯 **임**
13획

음 **ちん**

運賃 운임　家賃 방세

運賃は前払いです。 운임은 선불입니다.
家賃を払ってください。 방값을 지불하세요.

4학년

借
빌리다 **차**
10획

음 **しゃく**

借金 빚　借用 차용　賃借 임차

훈 **かりる**

借りる 빌리다

tip
「借(か)りる」는 내가 상대에게 빌리는 경우에 사용되는 동사이고 「貸(か)す」는 상대에게 빌려주는 경우에 사용되는 동사이다.

借用書を書きました。 차용증을 썼습니다.
図書館で本を借りました。 도서관에서 책을 빌렸습니다.

5학년

支
버티다 **지**
4획

음 **し**

支持 지지　支店 지점　収支 수지

훈 **ささえる**

支える 버티다, 지탱하다

国民党を支持しています。 국민당을 지지하고 있습니다.
二つの柱が家を支えています。 두 개의 기둥이 집을 지탱하고 있습니다.

4학년

給
주다 **급**
12획

음 **きゅう**

給水 급수　給料 급료　支給 지급　時給 시급　日給 일급　補給 보급

給料が安いです。 봉급이 쌉니다.
アルバイト代は時給に計算して支給します。

아르바이트 대금은 시급으로 계산해서 지급합니다.

2학년

回
돌다 **회**
6획

음▶ **かい / え**
_{かいてん}回転 회전　_{かいすう}回数 횟수　_{かいらん}回覧 회람　_{え しん}回心 회심

훈▶ **まわる**
_{まわ}回る 돌다　_{まわ}回す 돌리다

_{かいてん ず し} _{はや}回転寿司が流行っています。 회전초밥이 유행하고 있습니다.
_め _{まわ}目がくるくる回っています。 눈이 뱅글뱅글 돌고 있습니다.

6학년

収
거두다 **수**
4획

음▶ **たつ**
_{かいしゅう}回収 회수　_{しゅうかく}収穫 수확　_{しゅうにゅう}収入 수입

훈▶ **おさめる / おさまる**
_{おさ}収める 거두다, 얻다　_{おさ}収まる 수습되다

_{おも} _{しゅうにゅう} _{すく}思ったより収入が少ないです。 생각보다 수입이 적습니다.
_{しょうばい} _{おお} _{り えき} _{おさ}商売で大きな利益を収めました。 장사로 큰 이익을 얻었습니다.

5학년

減
줄다 **감**
12획

음▶ **げん**
_{げんしょう}減少 감소　_{さくげん}削減 삭감

훈▶ **へる / へらす**
_へ減る 줄다　_へ減らす 줄이다

_{よ さん} _{さくげん}予算が削減されました。 예산이 삭감되었습니다.
_{こんげつ} _{きゅうりょう} _へ今月の給料が減りました。 이번 달의 봉급이 줄었습니다.

5학년

税
구실 **세**
12획

음▶ **ぜい**
_{けつぜい}血税 혈세　_{ぜいきん}税金 세금　_{そ ぜい}租税 조세　_{のうぜい}納税 납세　_{げんぜい}減税 감세

_{ぜいきん} _{げんぜい}税金が減税されました。 세금이 감세되었습니다.
_{のうぜい} _{こくみん} _{ぎ む}納税は国民の義務です。 납세는 국민의 의무입니다.

密

6학년

빽빽하다 **밀**
11획

음 **みつ**

密室 밀실　密着 밀착　密閉 밀폐　綿密 면밀

もう少し密着してください。 좀 더 밀착해 주세요.

綿密に検討してください。 면밀히 검토해 주세요.

輸

5학년

보내다 **수**
16획

음 **ゆ**

輸送 수송　輸出 수출　輸入 수입　密輸 밀수

今年の輸出は赤字です。 올해 수출은 적자입니다.

輸入より輸出が多い国です。 수입보다 수출이 많은 나라입니다.

原

2학년

근원 **원**
10획

음 **げん**

原料 원료　原始 원시　原本 원본

훈 **はら**

原 들, 벌판　野原 들판

玉子はマヨネーズの原料です。 달걀은 마요네즈의 원료입니다.

野原が広がっています。 들판이 펼쳐져 있습니다.

因

5학년

인하다 **인**
6획

훈 **よる**

因果 인과　原因 원인

훈 **よる**

因る 기인하다　因って 따라서, 인해서

tip
因って는 주로 히라가나로 표기한다.

原因が分からない事件です。 원인을 알 수 없는 사건입니다.

不注意によって火事が発生しました。

부주의로 인해서 화재가 발생했습니다.

責

5학년

꾸짖다 **책**
11획

음 > **せき**
責任 책임　責務 책무　問責 문책

훈 > **せめる**
責める 비난하다, 꾸짖다

責任を取ってください。 책임을 지세요.
私を責めないでください。 나를 비난하지 마세요.

任

5학년

맡기다 **임**
6획

음 > **にん**
信任 신임　新任 신임　任務 임무　任命 임명

훈 > **まかせる**
任せる 위임하다　任す 맡기다

重要な任務を与えました。 중요한 임무를 부여했습니다.
輸出業務を任せます。 수출 업무를 위임하겠습니다.

過

5학년

지나다/허물 **과**
12획

음 > **か**
過激 과격　過失 과실　通過 통과

훈 > **すぎる / すごす / あやまつ / あやまち**
過ぎる 지나다, 통과하다　過ごす 지내다　過つ 실수하다　過ち 잘못, 실수

過激にしないでください。 과격하게 하지 마세요.
酒の飲み過ぎです。 술을 너무 마십니다.

熱

4학년

열 **열**
15획

음 > **ねつ**
熱気 열기　熱心 열심　加熱 가열　過熱 과열

훈 > **あつい**
熱い 뜨겁다

熱気が冷めました。 열기가 식었습니다.
水が熱くなりました。 물이 뜨거워졌습니다.

効 본받다 효 (8획) · 5학년

음 こう
効能 효능　時効 시효

훈 きく
効く 효과가 있다

あと3日で時効成立です。 앞으로 3일이면 시효 성립입니다.
漢方薬はよく効きます。 한방약은 잘 듣습니다.

tip
「効(き)く」는 '약의 효과가 있다'라고 할 때 사용하고 「聞(き)く」는 '소리를 듣는다'라고 할 때사용한다.

果 열매 과 (8획) · 4학년

음 か
果実 과실　果樹園 과수원　効果 효과

훈 はたす / はてる / はて
果たす 완수하다, 다하다　果てる 끝나다　果て 끝

예외 果物 과일

効果的に使います。 효과적으로 사용하겠습니다.
任された任務を果たしました。 맡겨진 임무를 완수했습니다.

貯 쌓다 저 (12획) · 4학년

음 ちょ
貯金 저금　貯蓄 저축

貯金は未来の財産です。 저금은 미래의 재산입니다.
日本は貯蓄率が高いです。 일본은 저축률이 높습니다.

貨 돈 화 (11획) · 4학년

음 か
貨幣 화폐　硬貨 동전　貨物 화물　貨車 화물차　通貨 통화

日本の貨幣単位は円です。 일본의 화폐 단위는 엔입니다.
貨物の引き渡しはあちらです。 화물 인도는 저쪽입니다.

銅

5학년

구리 **동**
14획

음 どう

銅銭 동전 銅メダル 동메달

銅銭は貯金箱に入れてください。 동전은 저금통에 넣으세요.

銅メダルを獲得しました。 동메달을 획득했습니다.

銭

5학년

돈 **전**
14획

음 せん

金銭 금전

훈 ぜに

銭 소액 화폐 小銭 잔돈

金銭感覚が鈍くなりました。 금전 감각이 둔해졌습니다.

ポケットの中に小銭がありません。 호주머니 속에 잔돈이 없습니다.

価

5학년

값 **가**
8획

음 か

価格 가격 定価 정가 物価 물가

훈 あたい

価 값

物価が高くて生活が苦しいです。

물가가 비싸서 생활이 어렵습니다.

野菜の価が高いです。 야채 값이 비쌉니다.

値

6학년

값 **치**
10획

음 ち

価値 가치 数値 수치

훈 あたい / ね

値する ~할 가치가 있다, ~할 만하다 値段 값, 가격 値打ち 값어치

数値を合わせてください。 수치를 맞춰 주세요.

この絵は値段が高いです。 이 그림은 값이 비쌉니다.

費 쓰다 비 12획
4학년

음 ひ
学費 학비 雑費 잡비 消費 소비 費用 비용

훈 ついやす
費やす 소비하다, 낭비하다

アルバイトで学費を稼ぎます。 아르바이트로 학비를 법니다.
時間を費やさないでください。 시간을 낭비하지 마세요.

貸 빌리다 대 12획
5학년

음 たい
貸借 대차 貸与 대여 賃貸 임대

훈 かす
貸す 빌려주다

賃貸マンションを借りました。 임대 맨션을 빌렸습니다.
辞書を貸してください。 사전을 빌려 주세요.

預 미리 예 13획
5학년

음 よ
預金通帳 예금통장 預言 예언

훈 あずける / あずかるる
預ける 맡기다 預かる 맡다, 보관하다

tip
預言은 予言으로도 표기합니다.

預金通帳を作ってください。 예금통장을 만들어 주세요.
貴重品は預けてください。 귀중품은 맡겨두세요.

資 재물 자 13획
5학년

음 し
資金 자금 資本 자본 物資 물자

資金を集めています。 자금을 모으고 있습니다.
十分な資本が必要です。 충분한 자본이 필요합니다.

株

6학년
주식 주
10획

훈 かぶ

_{かぶしき}株式 주식　_{かぶぬし}株主 주주

_{かぶ}株が_ね値_あ上がりしました。주가가 올랐습니다.
_{かぶしきかいしゃ}株式会社を_{せつりつ}設立しました。주식회사를 설립했습니다.

済

6학년
건너다 제
11획

음 さい

_{きゅうさい}救済 구제　_{へんさい}返済 변제　_{み さい}未済 미제

훈 すむ / すます

_す済む 끝나다　_す済ます 끝내다

_{しゃっきん}借金を_{へんさい}返済しました。빚을 갚았습니다.
_{しごと}仕事を_す済ませました。일을 끝냈습니다.

権

6학년
권세 권
15획

음 けん / ごん

_{けん り}権利 권리　_{けんりょく}権力 권력　_{しゅけん}主権 주권　_{ごん げ}権化 권화

_{けんりょく}権力を_{り よう}利用しています。권력을 이용하고 있습니다.
_{しゅけん}主権は_{こくみん}国民にあります。주권은 국민에게 있습니다.

額

5학년
이마 액
18획

음 がく

_{がくめん}額面 액면　_{きんがく}金額 금액　_{しょうがく}小額 소액　_{ぜんがく}全額 전액　_{そうがく}総額 총액

훈 ひたい

_{ひたい}額 이마

_{がくめんとお}額面通りに_{しん}信じています。액면 그대로 믿고 있겠습니다.
_{ひたい}額が_{ひろ}広いです。이마가 넓습니다.

정답 p.334

다음 한자의 음과 뜻을 바르게 이어보세요.

❶ 原 ·　　　　　　　　　· 근원 **원**

❷ 銅 ·　　　　　　　　　· 지나치다 **과**

❸ 価 ·　　　　　　　　　· 빽빽하다 **밀**

❹ 過 ·　　　　　　　　　· 값 **가**

❺ 因 ·　　　　　　　　　· 구리 **동**

❻ 密 ·　　　　　　　　　· 장사하다 **무**

❼ 熱 ·　　　　　　　　　· 열 **열**

❽ 易 ·　　　　　　　　　· 보내다 **수**

❾ 貿 ·　　　　　　　　　· 인하다 **인**

❿ 輸 ·　　　　　　　　　· 바꾸다 **역** / 쉽다 **이**

정치

政	治	選	挙	候	補	投
정사 **정**	다스리다 **치**	선택하다 **선**	들다 **거**	철 **후**	깁다 **보**	던지다 **투**
票	変	革	結	束	総	統
쪽지 **표**	변하다 **변**	가죽 **혁**	맺다 **결**	묶다 **속**	합치다 **총**	거느리다 **통**
連	帯	組	織	協	議	決
잇다 **련**	띠 **대**	끈 **조**	짜다 **직**	맞다 **협**	논하다 **의**	정하다 **결**
意	戦	争	軍	隊	兵	器
뜻 **의**	싸우다 **전**	다투다 **쟁**	군사 **군**	대 **대**	군사 **병**	그릇 **기**
防	衛	包	囲	訓	党	策
둑 **방**	지키다 **위**	싸다 **포**	두르다 **위**	가르치다 **훈**	무리 **당**	꾀 **책**
揮	閣					
휘두르다 **휘**	다락집 **각**					

政 정사 **정** 9획
5학년

음 せい / しょう

国政 국정　政権 정권　摂政 섭정

훈 まつりごと

政 정사

今の政権になってから5年になりました。
지금 정권으로 바뀌고 5년이 되었습니다.

政を執り行っています。 정치를 집행하고 있습니다.

治 다스리다 **치** 8획
4학년

음 じ / ち

政治 정치　自治 자치　治安 치안　治療 치료

훈 おさまる / おさめる / なおす / なおる

治まる 안정되다　治める 다스리다　治す 고치다　治る 낫다

政治と経済は不可分の関係です。 정치와 경제는 불가분의 관계입니다.
国を治めるには努力が必要です。 나라를 다스리려면 노력이 필요합니다.

選 선택하다 **선** 15획
4학년

음 せん

選択 선택　選別 선별

훈 えらぶ

選ぶ 선택하다

一つを選択してください。 하나를 선택해 주세요.
班長を選びました。 반장을 뽑았습니다.

挙 들다 **거** 10획
4학년

음 きょ

快挙 쾌거　挙式 거식　挙手 거수　選挙 선거

훈 へる / へらす

挙げる 거수하다　挙がる 유명해지다, 검거되다

未成年者は選挙権がありません。 미성년자는 선거권이 없습니다.
手を挙げて質問してください。 손을 들고 질문해 주세요.

候

철 **후**
[10획]

음 こう

気候 기후　症候 증후

훈 そうろう

候う 있다(겸양어)　居候 식객, 더부살이

気候変化が激しいです。 기후변화가 심합니다.

行くところがなくて友達の家に居候しています。

갈 곳이 없어서 친구 집에 얹혀 살고 있습니다.

補

깁다 **보**
[12획]

음 ほ

候補 후보　補修 보수　補充 보충　補助 보조　補聴器 보청기

훈 おぎなう

補う 보충하다

補充授業をしています。 보충 수업을 하고 있습니다.

説明を補ってください。 설명을 보충해 주세요.

投

던지다 **투**
[7획]

음 とう

投資 투자　投手 투수　失投 실투　暴投 폭투

훈 なげる

投げる 던지다

投資の価値があります。 투자할 가치가 있습니다.

投手がボールを投げました。 투수가 볼을 던졌습니다.

票

쪽지 **표**
[11획]

음 ひょう

開票 개표　伝票 전표　得票 득표　投票 투표

開票の結果が出ました。 개표 결과가 나왔습니다.

投票日は臨時休日です。 투표일은 임시휴일입니다.

変

4학년

변하다 **변**
9획

음 へん

変化 변화　変更 변경　変死体 변사체

훈 かえる / かわる

変える 바꾸다　変わる 변하다,

社会変化に遅れています。 사회 변화에 뒤쳐져 있습니다.
変わりのない人生です。 변함 없는 인생입니다.

革

6학년

가죽 **혁**
9획

음 かく

改革 개혁　革新 혁신　変革 변혁

훈 かわ

革 가죽

意識改革をしなければなりません。 의식 개혁을 하지 않으면 안 됩니다.
革の手ぶくろを作る工場です。 가죽 장갑을 만드는 공장입니다.

結

4학년

맺다 **결**
12획

음 けつ

結果 결과　結論 결론　終結 종결　結婚 결혼

훈 むすぶ / ゆう

結ぶ 잇다, 묶다　結う 엮다, 땋다

結論を出します。 결론을 내겠습니다.
ひもを結んでください。 끈을 매 주세요.

束

4학년

묶다 **속**
7획

음 そく

拘束 구속　約束 약속　結束 결속

훈 たば

束 묶음, 다발

예외 束の間 잠깐 사이

拘束時間が長いです。 구속 시간이 깁니다.
一束に結びます。 한 묶음으로 묶겠습니다.

5학년

総
합치다 **총**
14획

음 ▶ そう
<ruby>総会<rt>そうかい</rt></ruby> 총회　<ruby>総計<rt>そうけい</rt></ruby> 총계　<ruby>総務<rt>そうむ</rt></ruby> 총무　<ruby>総理<rt>そうり</rt></ruby> 총리

<ruby>総会<rt>そうかい</rt></ruby>で<ruby>理事<rt>りじ</rt></ruby>が<ruby>選<rt>えら</rt></ruby>ばれます。 총회에서 이사가 선출됩니다.
<ruby>日本<rt>にほん</rt></ruby>の<ruby>総理<rt>そうり</rt></ruby>が<ruby>韓国<rt>かんこく</rt></ruby>を<ruby>訪問<rt>ほうもん</rt></ruby>しました。 일본 총리가 한국을 방문했습니다.

5학년

統
거느리다 **통**
12획

음 ▶ とう
<ruby>系統<rt>けいとう</rt></ruby> 계통　<ruby>総統<rt>そうとう</rt></ruby> 총통　<ruby>伝統<rt>でんとう</rt></ruby> 전통　<ruby>統計<rt>とうけい</rt></ruby> 통계

훈 ▶ すべる
<ruby>統<rt>す</rt></ruby>べる 총괄하다

<ruby>着物<rt>きもの</rt></ruby>は<ruby>日本<rt>にほん</rt></ruby>の<ruby>伝統衣装<rt>でんとういしょう</rt></ruby>です。 기모노는 일본의 전통의상입니다.
<ruby>社長<rt>しゃちょう</rt></ruby>が<ruby>全体<rt>ぜんたい</rt></ruby>を<ruby>統<rt>す</rt></ruby>べています。 사장이 전체를 총괄하고 있습니다.

4학년

連
잇다 **련**
10획

음 ▶ れん
<ruby>連結<rt>れんけつ</rt></ruby> 연결　<ruby>連勝<rt>れんしょう</rt></ruby> 연승　<ruby>連続<rt>れんぞく</rt></ruby> 연속

훈 ▶ つらなる / つらねる / つれる
<ruby>連<rt>つら</rt></ruby>なる 줄지어 있다　<ruby>連<rt>つら</rt></ruby>ねる 늘어놓다　<ruby>連<rt>つ</rt></ruby>れる 동반하다. 데리고 오(가)다

<ruby>連勝<rt>れんしょう</rt></ruby>で<ruby>優勝<rt>ゆうしょう</rt></ruby>しました。 연승으로 우승했습니다.
つばめが<ruby>連<rt>つら</rt></ruby>なって<ruby>飛<rt>と</rt></ruby>んでいます。 제비가 줄지어 날고 있습니다.

4학년

帯
띠 **대**
10획

음 ▶ たい
<ruby>一帯<rt>いったい</rt></ruby> 일대　<ruby>携帯<rt>けいたい</rt></ruby> 휴대　<ruby>連帯<rt>れんたい</rt></ruby> 연대

훈 ▶ おび / おびる
<ruby>帯<rt>おび</rt></ruby> 기모노의 허리띠　<ruby>帯<rt>お</rt></ruby>びる 띠다

<ruby>試験中<rt>しけんちゅう</rt></ruby>には<ruby>携帯電話<rt>けいたいでんわ</rt></ruby>を<ruby>消<rt>け</rt></ruby>してください。 시험 중에는 휴대폰을 꺼 주세요.
<ruby>夕方<rt>ゆうがた</rt></ruby>になって<ruby>空<rt>そら</rt></ruby>が<ruby>赤<rt>あか</rt></ruby>みを<ruby>帯<rt>お</rt></ruby>びています。

저녁이 되어 하늘이 붉은 빛을 띠고 있습니다.

組

끈 **조**
11획

<small>2학년</small>

음 そ
改組 <small>かい そ</small> 개조(조직 개편)

훈 くみ / くむ
二組 <small>に くみ</small> 2반　組む <small>く</small> 짜다, 편성하다

この度、株式会社に改組することになりました。 <small>たび　かぶしきかいしゃ　かい そ</small>
이번에 주식회사로 조직 개편하게 되었습니다.

時間割を組みました。 <small>じ かんわり　く</small> 시간표를 짰습니다.

織

짜다 **직**
18획

<small>5학년</small>

음 しょく / しき
紡織 <small>ぼうしょく</small> 방직　組織 <small>そ しき</small> 조직

훈 おる
織る <small>お</small> 짜다

会社の組織が変わりました。 <small>かいしゃ　そ しき　か</small> 회사 조직이 바뀌었습니다.

シルクで織ったワイシャツは高いです。 <small>お　たか</small> 실크로 짠 와이셔츠는 비쌉니다.

協

맞다 **협**
8획

<small>4학년</small>

음 きょう
協会 <small>きょうかい</small> 협회　協同 <small>きょうどう</small> 협동　協力 <small>きょうりょく</small> 협력

協会に加入しました。 <small>きょうかい　か にゅう</small> 협회에 가입했습니다.
協力的に考えます。 <small>きょうりょくてき　かんが</small> 협력적으로 생각하겠습니다.

議

논하다 **의**
20획

<small>4학년</small>

음 ぎ
議員 <small>ぎ いん</small> 의원　議会 <small>ぎ かい</small> 의회　議論 <small>ぎ ろん</small> 의론　協議 <small>きょう ぎ</small> 협의

議論を詰めました。 <small>ぎ ろん　つ</small> 의론을 좁혔습니다.
協議して決めます。 <small>きょう ぎ　き</small> 협의해서 결정하겠습니다.

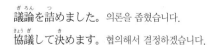

決
정하다 **결**
7획
3학년

음 けつ
決意 결의　決定 결정　票決 표결

훈 きめる / きまる
決める 결정하다　決まる 결정되다

決定されたことには従います。 결정된 것에는 따르겠습니다.
辞めることを決めました。 그만둘 것을 결정했습니다.

意
뜻 **의**
13획
3학년

음 い
意味 의미　合意 합의

これは何という意味ですか。 이것은 무슨 의미입니까?
離婚に合意しました。 이혼에 합의했습니다.

戦
싸우다 **전**
13획
4학년

음 せん
戦士 전사　激戦 격전　決勝戦 결승전　戦友 전우

훈 いくさ / たたかう
戦 전쟁, 싸움　戦う 싸우다

決勝戦が始まりました。 결승전이 시작되었습니다.
アメリカと戦っています。 미국과 싸우고 있습니다.

争
다투다 **쟁**
6획
4학년

음 そう
競争 경쟁　戦争 전쟁

훈 あらそう
争う 다투다, 경쟁하다

本当の競争相手は自分自身です。 진정한 경쟁 상대는 자기 자신입니다.
財産で争いました。 재산으로 싸웠습니다.

4학년

軍

군사 **군**

9획

음 ぐん

海軍 해군　空軍 공군　軍人 군인　従軍 종군　陸軍 육군

映画「トップガン」はアメリカ海軍の話です。

영화 'Top Gun'은 미국 해군의 이야기입니다.

陸軍と合同で訓練を行う予定です。 육군과 합동으로 훈련을 할 예정입니다.

4학년

隊

대 **대**

12획

음 たい

軍隊 군대　小隊 소대　入隊 입대　大隊 대대　隊長 대장
中隊 중대　部隊 부대

女性も多く軍隊に入隊しています。 여성도 많이 군대에 입대하고 있습니다.

入隊する前に髪を切りました。 입대하기 전에 머리를 잘랐습니다.

4학년

兵

군사 **병**

7획

음 へい / ひょう

兵士 병사　兵器 병기　歩兵 보병　軍兵 군병

예외 兵 수완가, 베테랑

兵士の食事が良くなりました。 병사의 식사가 좋아졌습니다.

最尖端の兵器を開発しました。 최첨단 병기를 개발했습니다.

4학년

器

그릇 **기**

15획

음 き

楽器 악기　器具 기구　食器 식기　消火器 소화기　兵器 병기

훈 うつわ

器 그릇, 재능

楽器は何でも習いたいです。 악기는 무엇이든 배우고 싶습니다.

器の大きな人は成功します。 그릇이 큰 사람은 성공합니다.

5학년

防

둑 **방**
7획

음 ▶ **ぼう**
こくぼう 国防 국방　よぼう 予防 예방

훈 ▶ **ふせぐ**
ふせ 防ぐ 방지하다

よぼうちゅうしゃ う
予防注射を打ってください。 예방주사를 놓아 주세요.
ひがい ふせ たいさく い
被害を防ぐ対策が要ります。 피해를 방지할 대책이 필요합니다.

5학년

衛

지키다 **위**
16획

음 ▶ **えい**
えいせい 衛星 위성　えいへい 衛兵 위병　じえいたい 自衛隊 자위대　ぼうえい 防衛 방위

えいせいほうそう うつ
衛星放送が映っています。 위성방송이 나오고 있습니다.
にほん ぐんたい じえいたい い
日本の軍隊を自衛隊と言います。 일본의 군대를 자위대라고 합니다.

4학년

包

싸다 **포**
5획

음 ▶ **ほう**
ほうたい 包帯 붕대　ほうそうし 包装紙 포장지　ないほう 内包 내포

훈 ▶ **つつむ**
つつ 包む 싸다

ほうたい ま
包帯で巻きます。 붕대로 감겠습니다.
ほうそうし つつ
包装紙で包みます。 포장지로 싸겠습니다.

4학년

囲

두르다 **위**
7획

음 ▶ **い**
ほうい 包囲 포위　いご 囲碁 바둑

훈 ▶ **かこむ / かこう**
かこ 囲む 둘러싸다　かこ 囲う 숨겨두다

いご
囲碁ができます。 바둑을 할 줄 압니다.
やま かこ いなか
山に囲まれた田舎です。 산으로 둘러싸인 시골입니다.

訓

4학년

가르치다 **훈**
10획

음 くん

家訓 가훈　教訓 교훈　訓練 훈련　訓読み 훈독

> **tip**
> 일본어를 읽는 방법에는 뜻으로 읽는 「訓読(くんよ)み-훈독」과 음으로 읽는 「音読(おんよ)み-음독」이 있다.

家訓は良心です。 가훈은 양심입니다.
日本語は訓読が特徴です。 일본어는 훈독이 특징입니다.

党

6학년

무리 **당**
10획

음 とう

政党 정당　党員 당원　党派 당파　党務 당무　野党 야당　与党 여당

> **tip**
> 「与党(よとう)」와 「野党(やとう)」은 정치 분야에서 잘 사용되는 정치 용어이다.

政党に加入しました。 정당에 가입했습니다.
政権を取っている党を与党と言います。 정권을 잡고 있는 당을 여당이라고 합니다.

策

6학년

꾀 **책**
12획

음 さく

政策 정책　対策 대책

改革政策を取っています。 개혁 정책을 취하고 있습니다.
ちゃんとした対策が必要です。 확실한 대책이 필요합니다.

揮

6학년

휘두르다 **휘**
12획

음 き

指揮 지휘　発揮 발휘

彼は有名な指揮者です。 그는 유명한 지휘자입니다.
実力を発揮しました。 실력을 발휘했습니다.

6학년

閣

다락집 **각**

14획

음 ▶ **かく**

かくりょう
閣僚 각료　組閣 조각　内閣 내각
　　　　 そかく　　　 ないかく

かくりょう　　 そかく
閣僚が組閣されました。 각료가 조각되었습니다.

ないかく　　 かいさん
内閣を解散しました。 내각을 해산했습니다.

 가장 복잡한 한자 따라 써보기

획순을 보고 따라 써 봅시다.

衛

지키다 **위**

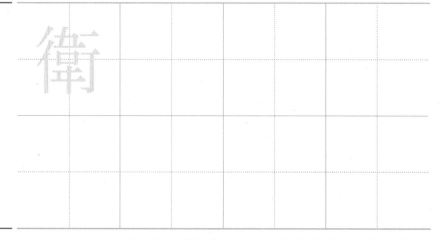

※한자의 획순은 왼쪽에서 오른쪽으로, 위에서 아래로 쓰는 것을 기본으로 합니다.

정답 p.335

다음 한자의 알맞은 음에 동그라미 해 보세요.

① 防
방 위

② 協
협 의

③ 連
지 연

④ 選
선 별

⑤ 変
변 화

⑥ 統
총 통

⑦ 束
결 속

⑧ 戦
전 쟁

⑨ 兵
군 병

⑩ 閣
각 객

법

法	律	判	例	制	度
법 **법**	법 **률**	가르다 **판**	법식 **례**	짓다 **제**	법 **도**
規	則	嚴	守	許	可
법 **규**	법칙 **칙**	엄하다 **엄**	지키다 **수**	허락하다 **허**	옳다 **가**
調	査	委	員	仲	裁
고르다 **조**	조사하다 **사**	맡기다 **위**	관원 **원**	버금 **중**	마름질하다 **재**
承	認	檢	討	指	針
받다 **승**	알다 **인**	검사하다 **검**	치다 **토**	손가락 **지**	바늘 **침**
犯	罪	証	禁	憲	
범하다 **범**	허물 **죄**	증명하다 **증**	금하다 **금**	법 **헌**	

法

4학년

법 **법**
8획

음 ほう / はっ / ほっ

方法 방법　法界(ほっかい・ほうかい) 법계　文法 문법

日本語の文法はやさしいです。　일본어 문법은 쉽습니다.
他に方法がないのでやるしかありません。

달리 방법이 없으니 할 수 밖에 없습니다.

律

6학년

법 **률**
9획

음 りつ / りち

規律 규율　法律 법률　律令 율령　律儀 의리있음

規律が厳しいです。 규율이 엄합니다.
我々は律儀を重んじています。 우리는 의리를 중히 여기고 있습니다.

判

5학년

가르다 **판**
7획

음 はん / ばん

公判 공판　判断 판단　判別 판별

判断がつきません。 판단이 서지 않습니다.
今日午後2時に公判が開かれます。 오늘 오후 2시에 공판이 열립니다.

例

4학년

법식 **례**
8획

음 れい

実例 실예　通例 통예　例外 예외　判例 판례

훈 たとえる

例える 예를 들다

예외 例 전례

実例を挙げてください。 실례를 들어 주세요.
殺人事件を例えています。 살인 사건을 예로 들고 있습니다.

5학년

制

짓다 **제**
8획

음▶ **せい**

制限 제한　制定 제정　制約 제약
せいげん　　せいてい　　せいやく

年齢制限はありません。 연령 제한은 없습니다.
ねんれいせいげん

外国人は生活にいろんな制約を受けます。
がいこくじん　　せいかつ　　　　　　せいやく　　う

외국인은 생활에 여러가지 제약을 받습니다.

3학년

度

법 **도**
9획

음▶ **ど / と / たく**

湿度 습도　制度 제도　支度 준비
しつど　　　せいど　　　したく

훈▶ **たび**

度 때, 번　度に 때마다
たび　　　　たび

先進国の制度を導入します。 선진국 제도를 도입하겠습니다.
せんしんこく　せいど　どうにゅう

友達の家に行く度に留守です。 친구 집에 갈 때마다 부재중입니다.
ともだち　いえ　い　たび　るす

5학년

規

법 **규**
11획

음▶ **き**

規制 규제　規正 규정　法規 법규　定規 자
きせい　　　きせい　　　ほうき　　　じょうぎ

規制通りに行います。 규제대로 행하겠습니다.
きせいどお　おこな

定規を当ててちゃんと測ってください。 자를 대고 제대로 측정해 주세요.
じょうぎ　あ　　　　　　　　はか

5학년

則

법칙 **칙**
9획

음▶ **そく**

規則 규칙　原則 원칙　校則 교칙　法則金 범칙금
きそく　　　げんそく　　こうそく　　ほうそくきん

規則的な生活は健康を守ります。 규칙적인 생활은 건강을 지킵니다.
きそくてき　せいかつ　けんこう　まも

原則を守って仕事をします。 원칙을 지키며 일을 합니다.
げんそく　まも　しごと

6学年

厳

엄하다 **엄**

17획

음 げん / ごん

厳格 엄격　尊厳 존엄　厳重 엄중　荘厳 불상(불당)을 꾸밈

훈 きびしい

厳しい 엄하다

手荷物のチェックが厳重になりました。 수하물 체크가 엄중해졌습니다.

子供に厳しく言いました。 아이에게 엄하게 말했습니다.

3학년

守

지키다 **수**

6획

음 しゅ / す

守備 수비　厳守 엄수　死守 사수

훈 まもる / もり

守る 지키다　守り 지킴

規則を厳守してください。 규칙을 엄수해 주세요.

国を守っている人は軍人です。 나라를 지키고 있는 사람은 군인입니다.

5학년

許

허락하다 **허**

11획

음 きょ

特許 특허　免許 면허

훈 ゆるす

許す 허락하다

特許品がよく売れています。 특허품이 잘 팔리고 있습니다.

お許しください。 용서해 주세요.

5학년

可

옳다 **가**

5획

음 か

可決 가결　可能 가능　認可 인가　許可 허가

예외 可笑しい 이상하다. 우습다

新しい法案が可決されました。 새로운 법안이 가결되었습니다.

可能性を信じて頑張ります。 가능성을 믿고 분발하겠습니다.

3학년

調

고르다 **조**
15획

음 ▶ ちょう

調整 조정　調味料 조미료　調停 조정

훈 ▶ しらべる / ととのえる / ととのう

調べる 조사하다　調える 갖추다, 가지런하다　調う 가지런해지다

調味料をかけてください。 조미료를 쳐 주세요.

真相を調べてください。 진상을 조사해 주세요.

5학년

査

조사하다 **사**
9획

음 ▶ さ

査察 사찰　調査 조사

北朝鮮が核査察を受け入れました。 북한이 핵 사찰을 받아들였습니다.

調査の結果は信頼度が低いです。 조사 결과는 신뢰도가 낮습니다.

3학년

委

맡기다 **위**
8획

음 ▶ い

委任 위임　委託 위탁

훈 ▶ まかす / まかせる

委せる 위임하다　委す 위임하다

tip
委(まか)せる는 任(まか)せる로도 표기한다.

委託調査を頼みます。 위탁 조사를 의뢰합니다.

今回のことは委せてください。 이번 일은 위임해 주세요.

3학년

員

관원 **원**
10획

음 ▶ いん

委員 위원　店員 점원　定員 정원　満員 만원

店員にサービス教育をしています。

점원에게 서비스교육을 하고 있습니다.

満員バスです。 만원 버스입니다.

仲

4학년

버금 **중**
6획

음 ちゅう
仲介 중개　仲秋 중추

훈 なか
仲 사이　仲間 동료

예외 仲人 중매인

不動産の仲介をしています。 부동산 중개를 하고 있습니다.
仲が悪くなりました。 사이가 나빠졌습니다.

裁

6학년

마름질하다 **재**
12획

음 さい
決裁 결재　裁断 재단　裁判 재판　裁判官 재판관　仲裁 중재

훈 さばく / たつ
裁く 재판하다　裁つ 재단하다, 마름질하다

裁判が行われています。 재판이 진행되고 있습니다.
罪人を裁いています。 죄인을 재판하고 있습니다.

承

5학년

받다 **승**
8획

음 しょう
承諾 승낙　承知 납득

훈 うけたまわる
承る 듣다(겸양어)

承知しました。 잘 알았습니다.
ご伝言を承ります。 전언을 듣겠습니다.

認

6학년

알다 **인**
14획

음 にん
承認 승인　認定 인정

훈 みとめる
認める 인정하다

社長の承認が必要です。 사장의 승인이 필요합니다.
資格を認めました。 자격을 인정했습니다.

5학년

検

검사하다 **검**

12획

음 けん

<ruby>検閲<rt>けんえつ</rt></ruby> 검열　<ruby>検査<rt>けんさ</rt></ruby> 검사　<ruby>検事<rt>けんじ</rt></ruby> 검사(법조인)　<ruby>点検<rt>てんけん</rt></ruby> 점검

<ruby>定期的<rt>ていきてき</rt></ruby>に<ruby>検査<rt>けんさ</rt></ruby>を<ruby>受<rt>う</rt></ruby>けてください。 정기적으로 검사를 받으세요.
<ruby>車<rt>くるま</rt></ruby>の<ruby>定期点検<rt>ていきてんけん</rt></ruby>をしてください。 자동차 정기 점검을 해 주세요.

6학년

討

치다 **토**

10획

음 とう

<ruby>検討<rt>けんとう</rt></ruby> 검토　<ruby>討議<rt>とうぎ</rt></ruby> 토의　<ruby>討論<rt>とうろん</rt></ruby> 토론

훈 うつ

<ruby>討<rt>う</rt></ruby>つ 베어 죽이다

ご<ruby>検討<rt>けんとう</rt></ruby>ください。 검토해 주세요.
<ruby>敵軍<rt>てきぐん</rt></ruby>を<ruby>討<rt>う</rt></ruby>ちました。 적군을 베어 죽였습니다.

3학년

指

손가락 **지**

9획

음 し

<ruby>指定<rt>してい</rt></ruby> 지정　<ruby>指名<rt>しめい</rt></ruby> 지명　<ruby>指導<rt>しどう</rt></ruby> 지도

훈 さす / ゆび

<ruby>指<rt>さ</rt></ruby>す 가리키다　<ruby>指<rt>ゆび</rt></ruby> 손가락

<ruby>指名<rt>しめい</rt></ruby>された<ruby>人<rt>ひと</rt></ruby>は<ruby>手<rt>て</rt></ruby>を<ruby>挙<rt>あ</rt></ruby>げてください。 지명 받은 사람은 손을 들어 주세요.
<ruby>中指<rt>なかゆび</rt></ruby>が<ruby>一番長<rt>いちばんなが</rt></ruby>いです。 가운데 손가락이 가장 깁니다.

tip

손가락을 나타내는 표현으로는 「親指(おやゆび)엄지」, 「人指(ひとさ)し指(ゆび)검지」, 「中指(なかゆび)중지」, 「薬指(くすりゆび)약지」, 「小指(こゆび)새끼 손가락」도 참고로 알아두자.

6학년

針

바늘 **침**

10획

음 しん

<ruby>針葉樹<rt>しんようじゅ</rt></ruby> 침엽수　<ruby>長針<rt>ちょうしん</rt></ruby> 장침(시계의 분침)　<ruby>指針<rt>ししん</rt></ruby> 지침

훈 はり

<ruby>針<rt>はり</rt></ruby> 바늘, 침

<ruby>針葉樹<rt>しんようじゅ</rt></ruby>が<ruby>多<rt>おお</rt></ruby>い<ruby>地域<rt>ちいき</rt></ruby>です。 침엽수가 많은 지역입니다.
<ruby>時計<rt>とけい</rt></ruby>の<ruby>針<rt>はり</rt></ruby>が<ruby>止<rt>と</rt></ruby>まりました。 시계 바늘이 멈췄습니다.

犯 범하다 범 5획

음 はん

犯行 범행　犯罪 범죄　犯人 범인

훈 おかす

犯す 범하다

犯行を認めました。 범행을 인정했습니다.

罪を犯しました。 죄를 범했습니다.

罪 허물 죄 13획

음 ざい

罪悪 죄악　罪人 죄인　謝罪 사죄　無罪 무죄　有罪 유죄

훈 つみ

罪 죄

謝罪しても足りません。 사죄해도 모자랍니다.

「罪と罰」という小説を読みました。 '죄와 벌'이라는 소설을 읽었습니다.

証 증명하다 증 12획

음 しょう

証拠 증거　証人 증인　証明 증명　証明書 증명서

確信できる証拠がありません。 확신할 수 있는 증거가 없습니다.

科学的に証明されていません。 과학적으로 증명되지 않았습니다.

禁 금하다 금 13획

음 きん

禁煙 금연　禁止 금지　厳禁 엄금

体のために禁煙します。 몸을 위해서 금연하겠습니다.

ここは立入禁止となっています。 여기는 출입금지입니다.

憲

음 ▶ **けん**

_{けんしょう}憲章 헌장 _{けんぽう}憲法 헌법 _{りっけん}立憲 입헌

법 **헌**

16획

_{こくみんきょういくけんしょう} _{あん き} _{じ だい}
国民教育憲章を暗記させられる時代がありました。

국민 교육 헌장을 암기시키는 시대가 있었습니다.

_{けんぽう} _{めい き}
憲法に明記されています。 헌법에 명기되어 있습니다.

6학년

 가장 복잡한 한자 따라 써보기

획순을 보고 따라 써 봅시다.

엄하다 **엄**

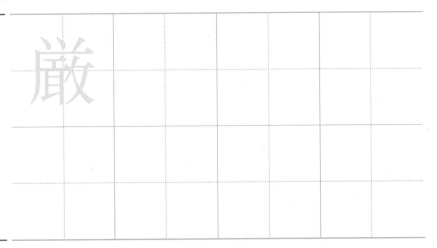

※한자의 획순은 왼쪽에서 오른쪽으로, 위에서 아래로 쓰는 것을 기본으로 합니다.

남는 한자가 없도록 단어가 되는 한자를 짝지어 이어보세요.

① 犯 ·　　　　　　　　· 律

② 検 ·　　　　　　　　· 査

③ 承 ·　　　　　　　　· 罪

④ 調 ·　　　　　　　　· 討

⑤ 法 ·　　　　　　　　· 認

⑥ 規 ·　　　　　　　　· 止

⑦ 委 ·　　　　　　　　· 員

⑧ 嚴 ·　　　　　　　　· 禁

⑨ 許 ·　　　　　　　　· 則

⑩ 禁 ·　　　　　　　　· 可

시설

病	院	藥	局	放	送
병 앓다 **병**	집 **원**	약 **약**	판 **국**	놓다 **방**	보내다 **송**
油	田	研	究	官	庁
기름 **유**	논 **전**	갈다 **연**	궁구하다 **구**	벼슬 **관**	마을 **청**
倉	庫	私	宅	建	設
곳집 **창**	곳집 **고**	사 **사**	집 **택**	세우다 **건**	베풀다 **설**
増	築	機	構	図	書
늘다 **증**	쌓다 **축**	틀/때 **기**	얽다 **구**	그림 **도**	글 쓰다 **서**
館	銀	関	城	劇	属
객사 **관**	은 **은**	문빗장 **관**	재 **성**	심하다 **극**	무리 **속**
計					
세다 **계**					

3학년

病
병 앓다 **병**
10획

음 ▶ びょう / へい
病気 병　看病人 간병인　仮病 꾀병

훈 ▶ やむ / やまい
病む (병을)앓다　病 앓음, 병

仮病で学校へ行きません。 꾀병으로 학교에 가지 않습니다.

久しく肺炎を病んでいます。 오랫동안 폐렴을 앓고 있습니다.

3학년

院
집 **원**
10획

음 ▶ いん
入院 입원　退院 퇴원　病院 병원

病院に入院しました。 병원에 입원했습니다.

退院手続きは窓口でしてください。 퇴원 수속은 창구에서 해 주세요.

3학년

薬
약 **약**
16획

음 ▶ やく
投薬 투약　薬草 약초　薬物 약물

훈 ▶ くすり
薬 약

雑草の中に薬草があります。 잡초 중에 약초가 있습니다.

ちゃんと薬を飲んでください。 제대로 약을 드세요.

3학년

局
판 **국**
7획

음 ▶ きょく
局長 국장　事務局 사무국　放送局 방송국　薬局 약국

放送局まで徒歩で5分くらいかかります。

방송국까지 도보로 5분 정도 걸립니다.

この辺に薬局はありませんか。 이 부근에 약국은 없습니까?

放

놓다 **방**
8획

음 **ほう**

解放 해방　開放 개방

훈 **はなす / はなつ / はなれる**

放す 놓아주다　放つ 놓아주다, 풀어주다　放れる 놓이다, 풀리다

日曜日は無料開放です。 일요일은 무료 개방입니다.

手を放さないでください。 손을 놓지 마세요.

送

보내다 **송**
9획

음 **そう**

送金 송금　送信 송신　送別会 송별회　放送 방송　放送局 방송국

훈 **おくる**

送る 보내다

ドルで送金します。 달러로 송금하겠습니다.

ファックスを送ります。 팩스를 보내겠습니다.

油

기름 **유**
8획

음 **ゆ**

精油 정유　石油 석유

훈 **あぶら**

油 기름

イラク戦争は石油戦争でした。 이라크 전쟁은 석유 전쟁이었습니다.

油っぽくて口に合いません。 기름 투성이여서 입에 맞지 않습니다.

田

논 **전**
5획

음 **でん**

油田 유전

훈 **た**

田 논　田んぼ 논

韓国には油田がありません。 한국에는 유전이 없습니다.

田中さんは日本人です。 다나카 씨는 일본인입니다.

3학년

研
갈다 **연**
9획

음▶ **けん**
研磨 연마　研修 연수

훈▶ **とぐ**
研ぐ 연마하다

教員研修に行ってきました。 교원 연수에 다녀왔습니다.
包丁を研いでください。 부엌칼을 갈아 주세요.

3학년

究
궁구하다 **구**
7획

음▶ **きゅう**
究明 구명　研究 연구　研究室 연구실

훈▶ **きわめる**
究める 연구하다, 끝까지 밝히다

彼は研究能力があります。 그는 연구 능력이 있습니다.
真相を究めなければなりません。 진상을 밝히지 않으면 안 됩니다.

4학년

官
벼슬 **관**
8획

음▶ **かん**
高官 고관　官庁 관청　任官 임관

政府機関の高官です。 정부 기관의 고관입니다.
少尉に任官されました。 소위로 임관되었습니다.

6학년

庁
마을 **청**
5획

음▶ **ちょう**
県庁 현청　都庁 도청　道庁 도청　府庁 부청　庁舎 청사

北海道の道庁は札幌にあります。 홋카이도의 도청은 삿포로에 있습니다.
市庁の庁舎はヨーロッパの建築様式です。

시청 청사는 유럽의 건축양식입니다.

倉 곳집 **창** 10획

4학년

음 ▶ そう
穀倉 곡창　倉庫 창고

훈 ▶ くら
倉 곳간, 창고

倉庫から米を取り出しました。 창고에서 쌀을 꺼냈습니다.
倉の中に置いてください。 곳간 안에 놓아 주세요.

庫 곳집 **고** 10획

3학년

음 ▶ こ / く
倉庫業 창고업　文庫 문고　庫裏 고리(절내 승려의 거처지)

この本の文庫版はありませんか。 이 책의 문고판은 없나요?
彼の職業は倉庫業です。 그의 직업은 창고업입니다.

私 사 **사** 7획

6학년

음 ▶ し
公私 공사　私服 사복　私費 사비　私立 사립

훈 ▶ わたくし
私(わたくし・わたし) 저, 나

私立大学は学費が高いです。 사립대학은 학비가 비쌉니다.
私は学生です。 저는 학생입니다.

宅 집 **택** 6획

6학년

음 ▶ たく
私宅 사택　宅地 택지　宅配便 택배편

宅地の地価が値下がりました。 택지 땅값이 하락했습니다.
宅配便で送ってください。 택배편으로 보내 주세요.

<table>
<tr><td>4학년</td><td>

建

세우다 **건**

9획

</td><td>

음 けん / こん

建国 건국　再建(さいけん・さいこん) 재건

훈 たてる

建てる 설립하다, 창건하다　建つ (빌딩이)세워지다

今日は建国記念日です。 오늘은 건국기념일입니다.
5階建てを建てました。 5층 건물을 지었습니다.

</td><td></td></tr>
</table>

音 けん / こん

建国 건국　再建(さいけん・さいこん) 재건

訓 たてる

建てる 설립하다, 창건하다　建つ (빌딩이)세워지다

今日は建国記念日です。 오늘은 건국기념일입니다.
5階建てを建てました。 5층 건물을 지었습니다.

設

베풀다 **설**

11획

음 せつ

開設 개설　設備 설비　設置 설치　建設 건설

훈 もうける

設ける 설치하다, 마련하다

設備がよくありません。 설비가 좋지 않습니다.
新しい科目を設けました。 새로운 과목을 마련했습니다.

増

늘다 **증**

14획

음 ぞう

増加 증가　増進 증진　増大 증대

훈 ます / ふえる / ふやす

増す 많아지다　増える 늘다　増やす 늘리다

日本との貿易が増加しました。 일본과의 무역이 증가했습니다.
毎年、人口が増えています。 매년 인구가 늘고 있습니다.

築

쌓다 **축**

16획

음 ちく

建築 건축　新築 신축　増築 증축

훈 きずく

築く 쌓아 올리다, 구축하다

建築会社の設計士です。 건축 회사의 설계사입니다.
確実な土台を築きました。 확실한 토대를 쌓았습니다.

4学年

機
틀/때 **기**
16획

음 ▸ **き**
機会 기회　好機 호기(좋은 기회)　動機 동기

훈 ▸ **はた**
機 베틀

いい機会になりました。 좋은 기회가 되었습니다.
機を織っています。 베틀을 짜고 있습니다.

5学年

構
얽다 **구**
14획

음 ▸ **こう**
機構 기구　構造 구조　構内 구내

훈 ▸ **かまえる / かまう**
構える 자세를 취하다　構う 상관하다

構造的に変えました。 구조적으로 바꾸었습니다.
カメラを構えています。 카메라로 사진 찍을 자세를 취하고 있습니다.

2学年

図
그림 **도**
7획

음 ▸ **ず / と**
図形 도형　地図 지도　図面 도면　意図 의도

훈 ▸ **はかる**
図る 도모하다, 노리다, 꽤하다

예외 ▸ 図々しい 뻔뻔하다

地図を描いてください。 지도를 그려 주세요.
営業利益を図ります。 영업 이익을 노립니다.

2学年

書
글 쓰다 **서**
10획

음 ▸ **しょ**
図書 도서　書店 서점　書道 서도

훈 ▸ **かく**
書く 쓰다

書店で日本語の本を買いました。 서점에서 일본어 책을 샀습니다.
趣味で小説を書いています。 취미로 소설을 쓰고 있습니다.

3학년 · 館 · 객사 관 · 16획

음 **かん**

公館 공관　図書館 도서관　大使館 대사관

新しい図書館を建てました。 새로운 도서관을 세웠습니다.

ここは日本大使館です。 여기는 일본 대사관입니다.

3학년 · 銀 · 은 은 · 14획

음 **ぎん**

銀行 은행　銀貨 은화

銀行で両替できます。 은행에서 환전할 수 있습니다.

銀貨も値打ちがあります。 은화도 값어치가 있습니다.

4학년 · 関 · 문빗장 관 · 14획

음 **かん**

関門 관문　機関 기관　税関 세관　関連 관련

훈 **せき / かかわる**

関所 관문　関わる 관계가 있다

関連機関に問い合わせてください。 관련 기관에 문의해 주세요.

大阪の関所です。 오사카의 관문입니다.

6학년 · 城 · 재 성 · 9획

음 **じょう**

城内 성내　城壁 성벽

훈 **しろ**

城 성

城壁によじ登りました。 성벽을 기어올랐습니다.

城を築いています。 성을 쌓고 있습니다.

劇

6학년

심하다 **극**

15획

음 げき

<ruby>演劇<rt>えんげき</rt></ruby> 연극 <ruby>劇場<rt>げきじょう</rt></ruby> 극장 <ruby>劇薬<rt>げきやく</rt></ruby> 극약

<ruby>劇場<rt>げきじょう</rt></ruby>で<ruby>演劇<rt>えんげき</rt></ruby>を<ruby>演<rt>えん</rt></ruby>じています。 극장에서 연극을 하고 있습니다.
<ruby>劇薬<rt>げきやく</rt></ruby>の<ruby>販売<rt>はんばい</rt></ruby>は<ruby>禁止<rt>きんし</rt></ruby>されています。 극약 판매는 금지되어 있습니다.

属

5학년

무리 **속**

12획

음 ぞく

<ruby>金属<rt>きんぞく</rt></ruby> 금속 <ruby>貴金属<rt>ききんぞく</rt></ruby> 귀금속 <ruby>属国<rt>ぞくこく</rt></ruby> 속국 <ruby>付属<rt>ふぞく</rt></ruby> 부속

<ruby>金属物<rt>きんぞくぶつ</rt></ruby>が<ruby>値上<rt>ねあ</rt></ruby>りしました。 금속물 값이 올랐습니다.
<ruby>貴金属<rt>ききんぞく</rt></ruby>を<ruby>売<rt>う</rt></ruby>ってしまいました。 귀금속을 팔아 버렸습니다.

計

2학년

세다 **계**

9획

음 けい

<ruby>計画<rt>けいかく</rt></ruby> 계획 <ruby>設計<rt>せっけい</rt></ruby> 설계 <ruby>会計<rt>かいけい</rt></ruby> 회계

훈 はかる / はからう

<ruby>計<rt>はか</rt></ruby>る 가늠하다, 꾀하다 <ruby>計<rt>はか</rt></ruby>らう 조치하다

<ruby>計画<rt>けいかく</rt></ruby>を<ruby>立<rt>た</rt></ruby>ててください。 계획을 세워 주세요.
<ruby>真意<rt>しんい</rt></ruby>を<ruby>計<rt>はか</rt></ruby>って<ruby>見<rt>み</rt></ruby>ます。 진의를 가늠해 보겠습니다.

정답 p.335

아래에서 단어가 되는 한자의 짝을 찾아 빈 칸에 써 보세요.

倉 研 庁
薬 送 築 宅
院 建
機

① 増 ⬚　　⑥ ⬚ 設

② 私 ⬚　　⑦ ⬚ 庫

③ 官 ⬚　　⑧ ⬚ 究

④ 病 ⬚　　⑨ ⬚ 局

⑤ 放 ⬚　　⑩ ⬚ 関

行	動	会	談	追	求
가다/행하다 **행**	움직이다 **동**	만나다 **회**	이야기 **담**	쫓다 **추**	구하다 **구**
志	願	失	礼	省	察
뜻하다 **지**	바라다 **원**	잃다 **실**	예 **례**	살피다 **성**/덜다 **생**	살피다 **찰**
修	練	提	案	忠	孝
닦다 **수**	연습하다 **련**	들다 **제**	안석 **안**	충성하다 **충**	효도 **효**
創	造	記	録	破	門
다치다 **창**	짓다 **조**	적다 **기**	적다 **록**	깨지다 **파**	문 **문**
乱	暴	引	導	取	捨
어지럽다 **란**	사납다 **폭**	당기다 **인**	이끌다 **도**	취하다 **취**	버리다 **사**
泣	笑	話	走	活	
울다 **읍**	웃다 **소**	이야기 **화**	달리다 **주**	살다 **활**	

2학년

行

가다/행하다 **행**

6획

음 こう / ぎょう / あん

進行 진행 行列 행렬, 줄지어 감 行脚 행각

훈 いく / ゆく / おこなう

行(い・ゆ)く 가다 行う 행하다

そのレストランはいつも人の行列ができています。

그 레스토랑은 언제나 사람들이 줄지어 서있습니다.

早く出て行ってください。빨리 나가 주세요.

3학년

動

움직이다 **동**

11획

음 どう

動物園 동물원 動作 동작 行動 행동

훈 うごく / うごかす

動く 움직이다 動かす 움직이게 하다

正しい行動様式で活動します。 올바른 행동 양식으로 활동하겠습니다.

動きが鈍い人です。 동작이 둔한 사람입니다.

2학년

会

만나다 **회**

6획

음 かい / え

会議 회의 面会 면회 面談会 면담회 会得 터득

훈 あう

会う 만나다

会議に遅れました。회의에 늦었습니다.

友達に会います。친구를 만납니다.

3학년

談

이야기 **담**

15획

음 だん

会談 회담 対談 대담 談話室 담화실 談判 담판

南北会談が開かれます。남북회담이 열립니다.

談話室で会議をします。담화실에서 회의를 하겠습니다.

追 쫓다 추 9획

음 つい
追突 추돌　追放 추방

훈 おう
追う 쫓다　追い出す 내쫓다

追突事故が多発します。 추돌사고가 다발합니다.
時間に追われています。 시간에 쫓기고 있습니다.

求 구하다 구 7획

음 きゅう
求職 구직　探求 탐구　要求 요구　追求 추구

훈 もとめる
求める 구하다, 바라다

求職の広告を見て来ました。 구직 광고를 보고 왔습니다.
世界平和を求めています。 세계 평화를 바라고 있습니다.

志 뜻하다 지 7획

음 し
志望 지망　有志 유지

훈 こころざす
志す 뜻을 두다

有名な大学に志願しました。 유명한 대학에 지원했습니다.
小説作家を志しています。 소설 작가에 뜻을 두고 있습니다.

願 바라다 원 19획

음 がん
願書 원서　念願 염원　志願 지원

훈 ねがう
願う 바라다, 원하다　お願い 부탁

願書提出の締め切りです。 원서 제출 마감입니다.
お願いします。 부탁합니다.

失 잃다 실
4학년
5획

음 しつ
失敗 실패　失恋 실연　損失 손실

훈 うしなう
失う 잃다

失敗は成功の元。 실패는 성공의 어머니.
気を失いました。 정신을 잃었습니다.

礼 예 례
3학년
5획

음 れい / らい
失礼 실례　礼儀 예의　礼賛 예찬

失礼しました。 실례했습니다.
礼儀正しく挨拶をします。 예의 바르게 인사를 합니다.

省 살피다 성 / 덜다 생
4학년
9획

음 せい / しょう
帰省 귀성　反省 반성　省エネルギー 에너지 절약

훈 かえりみる / はぶく
省みる 돌이켜보다, 반성하다　省く 생략하다, 덜다

反省してください。 반성해 주세요.
半分に費用を省きました。 절반으로 비용을 줄였습니다.

察 살피다 찰
4학년
14획

음 さつ
警察 경찰　考察 고찰　視察 시찰　省察 성찰

警察官になるのが夢です。 경찰관이 되는 것이 꿈입니다.
視察に来ました。 시찰하러 왔습니다.

5학년

修
닦다 **수**
10획

음 ▶ **しゅう / しゅ**
修理 수리   修羅 수라

훈 ▶ **おさめる / おさまる**
修める 수양하다   修まる 수양되다

パソコンを修理します。 컴퓨터를 수리합니다.
学問を修めてください。 학문을 닦으세요.

3학년

練
연습하다 **련**
14획

음 ▶ **れん**
試練 시련   熟練 숙련   練習 연습   老練 노련   修練 수련

훈 ▶ **ねる**
練る 누이다, 반죽하다, 단련하다

試練の連続です。 시련의 연속입니다.
小麦粉を練りました。 밀가루를 반죽했습니다.

tip
「練習(れんしゅう)」는 육체적인 연습의 의미가 강하고 「演習(えんしゅう)」은 정신적인 연습의 의미가 강한 표현이다.

5학년

提
들다 **제**
12획

음 ▶ **てい**
前提 전제   提議 제의   提供 제공   提出 제출

훈 ▶ **さげる**
提げる (손에)들다

情報を提供してください。 정보를 제공해 주세요.
ハンドバックを提げています。 핸드백을 들고 있습니다.

4학년

案
안석 **안**
10획

음 ▶ **あん**
提案 제안   案外 뜻밖에   案じる 걱정하다

案外簡単に合格しました。 의외로 간단하게 합격했습니다.
提案してください。 제안해 주세요.

6학년

忠
충성하다 **충**
8획

음 ちゅう

ちゅうじつ　　　　　ちゅうせい　　　　　ふ ちゅう
忠実 충실　忠誠 충성　不忠 불충

がっこう　せいかつ　ちゅうじつ
学校の生活を忠実にしています。 학교 생활을 충실하게 하고 있습니다.
かいしゃ　ちゅうせい
会社に忠誠しています。 회사에 충성하고 있습니다.

6학년

孝
효도 **효**
7획

음 こう

こうこう　　　　こう し　　　　こうじょ　　　　ちゅうこう　　　　ふ こう
孝行 효행　孝子 효자　孝女 효녀　忠孝 충효　不孝 불효

かれ　むす こ　　こう し
彼の息子は孝子です。 그의 아들은 효자입니다.
ふ こう
不孝をしないでください。 불효를 하지 마세요.

6학년

創
다치다 **창**
12획

음 そう

そう し　　　　そうせつ　　　　どくそう
創始 창시　創設 창설　独創 독창

「そう」로 발음되고 비슷
해서 혼동하기 쉬운 한자
「創」와「倉」를 함께 알아
두자.

どくそうてき　　　　　　　　　　みと
独創的なデザインが認められました。
독창적인 디자인을 인정받았습니다.
かいしゃ　そう し しゃ　かれ　ちち
この会社の創始者は彼の父です。 이 회사의 창시자는 그의 아버지입니다.

5학년

造
짓다 **조**
10획

음 ぞう

かいぞう　　　　ぞう か　　　　そうぞう　　　　ぞうせん
改造 개조　造花 조화　創造 창조　造船 조선

훈 つくる

つく
造る 만들다

ほんもの　　　　　　つく　　　　ぞう か
本物のように作られた造花です。 진짜처럼 만들어진 조화입니다.
うめ　さけ　つく
梅で酒を造りました。 매실로 술을 만들었습니다.

記 적다 기
2학년 · 10획

음 き
記入 기입　記者 기자　記念 기념

훈 しるす
記す 기록하다

ここにお名前を記入してください。 여기에 이름을 기입해 주세요.
手帳に出来事を記しています。 수첩에 생긴 일을 적고 있습니다.

録 적다 록
4학년 · 16획

음 ろく
記録 기록　付録 부록　目録 목록　録音 녹음

テープを録音しています。 테이프를 녹음하고 있습니다.
水泳で世界新記録が出ました。 수영에서 세계 신기록이 나왔습니다.

破 깨지다 파
5학년 · 10획

음 は
破損 파손　破門 파문　破壊 파괴

훈 やぶる / やぶれる
破る 깨다, 부수다　破れる 깨지다, 찢어지다

破損されたコンピューターを直しています。

파손된 컴퓨터를 고치고 있습니다.
世界記録を破りました。 세계 기록을 깼습니다.

門 문 문
2학년 · 8획

음 もん
門限 폐문 시간　門下生 문하생　名門 명문

훈 かど
門 문　門松 새해에 대문에 장식하는 소나무

門から入ってください。 문으로 들어오세요.
門の前に門松を飾りました。 문 앞에 소나무를 장식했습니다.

6학년

乱

어지럽다 **란**

7획

음 らん

動乱 동란　反乱 반란　乱立 난립　乱入 난입

훈 みだれる / みだす

乱れる 흐트러지다　乱す 어지럽히다

野球場に観客が乱入して大騒ぎでした。

야구장에 관객이 난입해서 대소동이었습니다.

髪が乱れました。머리카락이 흐트러졌습니다.

5학년

暴

사납다 **폭**

15획

음 ぼう / ばく

暴言 폭언　暴動 폭동　暴力 폭력　乱暴 난폭

훈 あばく / あばれる

暴く 폭로하다. 파헤치다　暴れる 날뛰다

女に暴力を使ってはいけません。여자에게 폭력을 사용해서는 안 됩니다.

秘密を暴きました。비밀을 폭로했습니다.

2학년

引

당기다 **인**

4획

음 いん

引力 인력　引率 인솔　引用 인용

훈 ひく

引く 빼다　引っ張る 당기다

論文に引用したいです。논문에 인용하고 싶습니다.

3から2を引くと1になります。3에서 2를 빼면 1이 됩니다.

5학년

導

이끌다 **도**

15획

음 どう

引導 인도　導火線 도화선　導入 도입

훈 みちびく

導く 인도하다

新しい制度を導入しました。새로운 제도를 도입했습니다.

話を有利な方に導きました。이야기를 유리한 쪽으로 이끌었습니다.

3학년

取

취하다 **취**

8획

음 ▶ しゅ

取材 취재　取得 취득

훈 ▶ とる

取る (손에)쥐다, 취하다

取材に応じてください。 취재에 응해 주세요.

運転免許を取りました。 운전면허를 취득했습니다.

6학년

捨

버리다 **사**

11획

음 ▶ しゃ

捨身 사신(자기 몸을 버림)　取捨 취사(쓸 것은 취하고 쓸모없는 것은 버림)

훈 ▶ すてる

捨てる 버리다

インターネットでは情報の取捨選択が大切です。

인터넷에서는 정보의 취사 선택이 중요합니다.

ゴミを捨てないでください。 쓰레기를 버리지 마세요.

4학년

泣

울다 **읍**

8획

음 ▶ きゅう

感泣 감읍　号泣 호읍(목 놓아 큰 소리로 울다)

훈 ▶ なく

泣く 울다　泣虫 울보

映画が悲しくて号泣しました。 영화가 슬퍼서 소리 내어 울었습니다.

妹は泣虫です。 여동생은 울보입니다.

4학년

笑

웃다 **소**

10획

음 ▶ しょう

談笑 담소　冷笑 냉소

훈 ▶ わらう / えむ

笑う 웃다　微笑み 미소

談笑を交しました。 담소를 나누었습니다.

笑ってください。 웃어 주세요.

話 이야기 화 13획 · 2학년

- 음 **わ**
  話術 화술　対話 대화　会話 회화　話題 화제
- 훈 **はなす / はなし**
  話す 말하다

tip
'말하다'라고 하는 의미의 일본어에는 「話(はな)す」, 「言(い)う」, 「語(かた)る」, 「喋(しゃべ)る」 등이 있다.

韓国のドラマが話題になりました。 한국 드라마가 화제가 되었습니다.
話したい事があります。 말하고 싶은 것이 있습니다.

走 달리다 주 7획 · 2학년

- 음 **そう**
  走行 주행　逃走 도주　競走 경주
- 훈 **はしる**
  走る 달리다

走行試験で落ちました。 주행 시험에서 떨어졌습니다.
100メートルを11秒で走りました。 100미터를 11초로 달렸습니다.

活 살다 활 9획 · 2학년

- 음 **かつ**
  活動 활동　活用 활용　活気 활기
- 훈 **いきる / いかす**
  活きる 살다　活かす 살리다

活発な活動で忙しい毎日です。 활발한 활동으로 바쁜 매일입니다.
才能を活かして欲しいです。 재능을 살렸으면 합니다.

다음 한자의 음과 뜻을 바르게 이어보세요.

① 動 ·   · 구하다 **구**

② 追 ·   · 움직이다 **동**

③ 求 ·   · 쫓다 **추**

④ 失 ·   · 짓다 **조**

⑤ 察 ·   · 들다 **제**

⑥ 提 ·   · 살피다 **찰**

⑦ 造 ·   · 잃다 **실**

⑧ 破 ·   · 깨지다 **파**

⑨ 暴 ·   · 이야기 **화**

⑩ 話 ·   · 사납다 **폭**

山	川	天	地	森	林
메 **산**	내 **천**	하늘 **천**	땅 **지**	숲 **삼**	수풀 **림**
草	花	紅	葉	野	菜
풀 **초**	꽃 **화**	붉다 **홍**	잎 **엽**	들 **야**	나물 **채**
海	岸	潮	流	牛	乳
바다 **해**	언덕 **안**	조수 **조**	흐르다 **류**	소 **우**	젖 **유**
競	馬	竹	松	湖	氷
다투다 **경**	말 **마**	대 **죽**	소나무 **송**	호수 **호**	얼음 **빙**
波	辺	芽	底	梅	陸
파도 **파**	가 **변**	싹 **아**	밑 **저**	매화나무 **매**	뭍 **륙**
河	桜	沿	頂	樹	
강 **하**	앵두나무 **앵**	물 따라가다 **연**	꼭대기 **정**	나무 **수**	

山

1학년

메 **산**
3획

음 さん

富士山 후지산

훈 やま

山 산　山火事 산불　山登り 등산

富士山の高さは 3,776 メートルです。 후지산의 높이는 3,776미터입니다.

山を越えて行きます。 산을 넘어서 갑니다.

川

1학년

내 **천**
3획

음 せん

河川 하천　山川 산천

훈 かわ

川 강. 내　川下 하류

河川が汚いです。 하천이 더럽습니다.

川に水がありません。 강에 물이 없습니다.

天

1학년

하늘 **천**
4획

음 てん

天職 천직　九天 구천　天気 날씨

훈 あめ / あま

天(あめ・あま) 하늘　天の川 은하수

大工は彼の天職だと思います。 목수는 그의 천직이라고 생각합니다.

青い天です。 파란 하늘입니다.

地

2학년

땅 **지**
6획

음 ち / じ

地球 지구　地理 지리　地主 지주　天地 천지

地球は丸いです。 지구는 둥급니다.

ここの地主と会って話をしてみます。

여기의 땅주인과 만나 이야기를 해보겠습니다.

1학년

森
숲 **삼**
12획

음 ▶ **しん**
森厳 삼엄　森林 삼림

훈 ▶ **もり**
森 삼림, 수풀

ここは森林公園です。여기는 삼림 공원입니다.
森の中は木が生いしげっています。수풀 속에는 나무가 우거져 있습니다.

1학년

林
수풀 **림**
6획

음 ▶ **りん**
密林 밀림　林野 임야

훈 ▶ **はやし**
林 숲　松林 소나무 숲

林野の値が下がりました。임야 값이 내렸습니다.
林の中に花が咲きました。숲 속에 꽃이 피었습니다.

1학년

草
풀 **초**
9획

음 ▶ **そう**
草原 초원　草書 초서　除草 제초　雑草 잡초

훈 ▶ **くさ**
草 풀

モンゴルは草原が多い国です。몽골은 초원이 많은 나라입니다.
草を刈ってください。풀을 깎아 주세요.

1학년

花
꽃 **화**
7획

음 ▶ **か**
花瓶 꽃병　花模様 꽃무늬　草花 화초

훈 ▶ **はな**
花 꽃　生け花 꽃꽂이

花瓶に水を入れてください。꽃병에 물을 넣어 주세요.
日本を代表する花は何ですか。일본을 대표하는 꽃은 무엇입니까?

6학년

紅
붉다 **홍**
9획

음▶ こう / く

紅顔 홍안 紅茶 홍차 真紅 진홍

훈▶ べに / くれない

紅(べに・くれない) 다홍색 口紅 립스틱

紅茶を飲んでください。 홍차를 드세요.
口紅をつけました。 립스틱을 칠했습니다.

3학년

葉
잎 **엽**
12획

음▶ よう

紅葉(こうよう・もみじ) 단풍 中葉 중엽

훈▶ は

葉 잎 葉書 엽서 落ち葉 낙엽

紅葉の季節は秋です。 단풍의 계절은 가을입니다.
秋には葉が赤くなります。 가을에는 잎이 빨갛게 됩니다.

2학년

野
들 **야**
11획

음▶ や

野営 야영 野外 야외 野戦 야전 野生 야생

훈▶ の

野 들, 벌판 野良犬 들개, 떠돌이개

今日はここで野営をします。 오늘은 여기에서 야영을 하겠습니다.
最近野良犬が見えなくなりました。 최근 들개가 보이지 않게 됐습니다.

4학년

菜
나물 **채**
11획

음▶ さい

菜食 채식 野菜 야채

훈▶ な

菜 나물 菜の花 유채꽃

肉より野菜を食べてください。 고기보다 야채를 드세요.
菜の花は食べられます。 유채꽃은 먹을 수 있습니다.

2학년

海
바다 **해**
9획

음 かい
海水浴場 해수욕장　海洋 해양

훈 うみ
海 바다　海辺 해변

예외 海苔 김

海水浴場で水泳をします。 해수욕장에서 수영을 합니다.
海は波が魅力的です。 바다는 파도가 매력적입니다.

3학년

岸
언덕 **안**
8획

음 がん
海岸 해안

훈 きし
岸 물가, 해안　岸辺 해안

海岸に沿って汽車が走っています。 해안을 따라 기차가 달리고 있습니다.
岸辺に船が停泊しています。 해안에 배가 정박하고 있습니다.

6학년

潮
조수 **조**
15획

음 ちょう
潮流 조류　満潮 만조

훈 しお
潮 바닷물, 조수

時代の潮流に乗ってください。 시대의 조류(흐름)를 타세요.
潮が引きました。 조수가 빠졌습니다.

3학년

流
흐르다 **류**
10획

음 りゅう / る
逆流 역류　交流 교류　流通 유통　流布 유포

훈 ながす / ながれる
流す 흘리다　流れる 흐르다.

韓日間の文化交流が活発です。 한일간의 문화 교류가 활발합니다.
肝心なところを流してしまいました。 중요한 곳을 흘려버렸습니다.

牛 소 우 (4획) — 2학년

음 ぎゅう
牛肉 쇠고기　牛耳る 좌지우지하다

훈 うし
牛 소

牛肉は高いです。 쇠고기는 비쌉니다.
牛の角は食べません。 소뿔은 먹지 않습니다.

乳 젖 유 (8획) — 6학년

음 にゅう
牛乳 우유　母乳 모유　乳癌 유방암　乳牛 젖소

훈 ちち
乳 젖

毎朝、牛乳を飲んでいます。 매일 아침 우유를 마시고 있습니다.
乳が出てきません。 젖이 나오지 않습니다.

競 다투다 경 (20획) — 4학년

음 けい / きょう
競走 경주　競売 경매

훈 きそう / せる
競う 경쟁하다　競り (도매상 등의)경매

走り競争で負けました。 달리기 경쟁에서 졌습니다.
お互いに競っています。 서로 경쟁하고 있습니다.

> **tip**
> '경쟁하다'의 의미로 사용되는 일본어 동사에는 「競(きそ)う」와 「争(あらそ)う」가 있다.

馬 말 마 (10획) — 2학년

음 ば
競馬 경마

훈 うま / ま
馬(うま・ま) 말　馬子 마부

競馬でお金をもうけました。 경마로 돈을 벌었습니다.
牛より馬の方が速く走ります。 소보다 말이 빨리 달립니다.

1학년

竹
대 **죽**
6획

음 ちく
ばくちく
爆竹 폭죽

훈 たけ
たけ たけざいく たけ こ
竹 대나무　竹細工 죽세공품　竹の子 죽순

ばくちくあそ
みんなで爆竹遊びをしました。 모두와 폭죽 놀이를 했습니다.
たけ こ からだ
竹の子は体にいいです。 죽순은 몸에 좋습니다.

4학년

松
소나무 **송**
8획

음 しょう
しょうちく らくようしょう ろうしょう
松竹 송죽　落葉松 낙엽송　老松 노송

훈 まつ
まつ あかまつ
松 소나무　赤松 적송

ふか やま ろうしょう
深い山に老松があります。 깊은 산에 노송이 있습니다.
あかまつ けんちくざい つか
赤松は建築材によく使われます。 적송은 건축 재료로 많이 사용됩니다.

3학년

湖
호수 **호**
12획

음 こ
こ すい び わ こ
湖水 호수　琵琶湖 비와호(지명)

훈 みずうみ
みずうみ
湖 호수

び わ こ し が けん
琵琶湖は滋賀県にあります。 비와호는 시가현에 있습니다.
に ほん いちばんおお みずうみ び わ こ
日本で一番大きい湖は琵琶湖です。 일본에서 가장 큰 호수는 비와호입니다.

3학년

氷
얼음 **빙**
5획

음 ひょう
ひょうてん ひょうざん けつびょう
氷点 빙점, 영하　氷山 빙산　結氷 결빙

훈 こおり / ひ
こおり ひ さめ
氷 얼음　氷雨 우박, 싸락눈

ひょうざん いっかく
氷山の一角。 빙산의 일각
みずうみ こおり は
湖に氷が張りました。 호수에 얼음이 얼었습니다.

波

3학년

파도 **파**
8획

음 ▶ は
風波 풍파　音波 음파　電波 전파　波乱 파란

훈 ▶ なみ
波 파도　荒波 거친 파도

波乱万丈の人生を生きました。 파란만장한 인생을 살았습니다.
高い波に乗って遊びます。 높은 파도를 타고 놉니다.

辺

4학년

가 **변**
5획

음 ▶ へん
近辺 근처　底辺 저변　川辺 강변　海辺 바닷가

훈 ▶ あたり / べ
辺り 부근　野辺 들판

近辺で待っています。 근처에서 기다리고 있습니다.
この辺りでキャンプをしています。 이 부근에서 캠프를 하고 있습니다.

芽

4학년

싹 **아**
8획

음 ▶ が
発芽 발아　麦芽 맥아

훈 ▶ め
芽 싹

種が発芽しました。 씨가 싹이 트였습니다.
芽が出てきました。 싹이 돋아났습니다.

底

4학년

밑 **저**
8획

음 ▶ てい
海底 해저　徹底 철저

훈 ▶ そこ
底 바닥, 밑바닥　奥底 가장 깊은 곳, 속마음

日本には海底トンネルがあります。 일본에는 해저 터널이 있습니다.
海の底にも岩があります。 바다 밑에도 바위가 있습니다.

4학년

梅
매화나무 **매**
10획

음 ばい

ばいか
梅花 매화

훈 うめ

うめ
梅 매실　うめぼし
梅干 매실 장아찌　うめしゅ
梅酒 매실주　うめ はな
梅の花 매실꽃

예외 つゆ
梅雨 장마

さんがつ　　ばい か　まつ　　　　ひら
３月には梅花祭りが開かれます。3월에는 매화 축제가 열립니다.
うめしゅ　　あま
梅酒は甘いです。매실주는 답니다.

4학년

陸
뭍 **륙**
11획

음 りく

すいりく
水陸 수륙　たいりく
大陸 대륙　りくじょう
陸上 육상　ほくりく
北陸 북륙

すいりく　　はし　　せんしゃ
水陸で走れる戦車です。수륙으로 달릴 수 있는 전차입니다.
な　　　な　　　　りくじょうきょう ぎ
やり投げは陸上競技です。창던지기는 육상 경기입니다.

5학년

河
강 **하**
8획

음 か

ぎん が
銀河 은하　うん が
運河 운하

훈 かわ

かわ
河 강

ぎん が　てつどうスリーナイン　　　　　　　　おもしろ
銀河鉄道999というアニメが面白かったです。은하철도 999라는 애니메이션이 재미있었습니다.
かわ　　わた
ボートで河を渡りました。보트로 강을 건넜습니다.

5학년

桜
앵두나무 **앵**
10획

음 おう

おう か
桜花 앵화

훈 さくら

さくら
桜 벚꽃

こうえん　　おう か　　まんかい
公園に桜花が満開しました。공원에 벚꽃이 만개했습니다.
さくら　　さんがつ　　さ
桜は３月に咲きます。벚꽃은 3월에 핍니다.

沿

물 따라가다 **연**
8획

음 ▶ **えん**
沿海 연해　沿岸 연안　沿線 연선

훈 ▶ **そう**
沿う 따르다

沿岸地域の経済発展が目覚ましいです。 연안 지역의 경제 발전이 눈부십니다.
河に沿って歩いて行きました。 강을 따라서 걸어서 갔습니다.

頂

꼭대기 **정**
11획

음 ▶ **ちょう**
頂上 정상　山頂 산정　絶頂 절정

훈 ▶ **いただく**
頂く 받다

山の頂上に雪が積もっています。 산 정상에 눈이 쌓여 있습니다.
連絡を頂きました。 연락을 받았습니다.

樹

나무 **수**
16획

음 ▶ **じゅ**
果樹 과수　樹木 수목　樹立 수립

果樹園でブドウを買って来ました。 과수원에서 포도를 사 왔습니다.
庭園を樹木で植えました。 정원을 수목으로 심었습니다.

다음 한자의 음과 뜻을 바르게 이어보세요.

① 山 ·

· 나물 채

② 葉 ·

· 흐르다 류

③ 菜 ·

· 호수 호

④ 流 ·

· 앵두나무 앵

⑤ 牛 ·

· 소 우

⑥ 湖 ·

· 잎 엽

⑦ 氷 ·

· 메 산

⑧ 陸 ·

· 뭍 륙

⑨ 桜 ·

· 얼음 빙

⑩ 頂 ·

· 꼭대기 정

玉	石	炭	鉱	星	座
구슬 옥	돌 석	숯 탄	쇳돌 광	별 성	자리 좌
宇	宙	災	害	鳥	類
집 우	집 주	재앙 재	해치다 해	새 조	무리 류
殺	虫	犬	貝	鳴	魚
죽이다 살/감하다 쇄	벌레 충	개 견	조개 패	울다 명	고기 어
羽	皮	羊	毒	巢	飼
깃 우	가죽 피	양 양	독 독	새집 소	먹이다 사
卵	岩	池	谷	島	蚕
알 란	바위 암	못 지	골짜기 곡	섬 도	누에 잠
磁					
자석 자					

1학년

玉
구슬 **옥**
5획

음 ぎょく
玉座 옥좌　玉体 옥체　玉石 옥석

훈 たま
玉 구슬

王様の玉体。 임금님의 옥체

涙の玉。 눈물 방울

1학년

石
돌 **석**
5획

음 せき / しゃく / こく
石油 석유　石塔 석탑　石炭 석탄　磁石 자석

훈 いし
石 돌　石工 석공

石油は人類の宝です。 석유는 인류의 보물입니다.

壊れた文化財を石工達が復元しています。

부서진 문화재를 석공들이 복원하고 있습니다.

3학년

炭
숯 **탄**
9획

음 たん
炭酸 탄산　炭素 탄소　練炭 연탄　炭水化物 탄수화물

훈 すみ
炭 숯　炭火 숯불

胃から炭酸ガスが出ます。 위에서 탄산 가스가 나옵니다.

炭で火をつけます。 숯으로 불을 붙입니다.

5학년

鉱
쇳돌 **광**
13획

음 こう
鉱業 광업　炭鉱 탄광　鉄鉱 철광

鉱業は第一次産業です。 광업은 제1차 산업입니다.

炭鉱で石炭を掘ります。 탄광에서 석탄을 캡니다.

星
별 **성**
9획

2학년

음▶ せい / しょう
北極星 북극성　明星 샛별, 금성

훈▶ ほし
星 별　星空 별 하늘　流れ星 유성

北極星は北の空にあります。 북극성은 북쪽 하늘에 있습니다.
星空がきれいです。 별 하늘이 아름답습니다.

座
자리 **좌**
10획

6학년

음▶ ざ
座談会 좌담회　星座 성좌, 별자리

훈▶ すわる
座る 앉다

星座占いはよく当たる気がします。 별자리 점은 잘 맞는 것 같은 기분이 듭니다.
椅子に座ります。 의자에 앉겠습니다.

宇
집 **우**
6획

6학년

음▶ う
宇宙 우주

宇宙を開発しています。 우주를 개발하고 있습니다.
宇宙旅行の時代が到来しました。 우주여행의 시대가 도래했습니다.

宙
집 **주**
8획

6학년

음▶ ちゅう
宇宙人 우주인　宇宙船 우주선

宇宙人がロケットに乗っています。 우주인이 로켓에 타고 있습니다.
宇宙船に乗って宇宙旅行をしたいです。

우주선을 타고 우주여행을 하고 싶습니다.

災 재앙 재 7획

5학년

음 さい

火災 화재　災難 재난　人災 인재　天災 천재　防災 방재

훈 わざわい

災い 재앙, 재난

防災システムを作動しました。 방재 시스템을 작동했습니다.

災いに会いました。 재난을 만났습니다.

害 해치다 해 10획

4학년

음 がい

害虫 해충　傷害 상해　被害 피해　妨害 방해　災害 재해

被害を大きいです。 피해가 큽니다.

彼が話し合いを妨害しました。 그가 상담을 방해했습니다.

鳥 새 조 11획

2학년

음 ちょう

一石二鳥 일석이조

훈 とり

鳥 새　鳥小屋 새장　鳥肉 닭고기

それは一石二鳥のことです。 그것은 일석이조의 일입니다.

鳥肉は柔らかいです。 닭고기는 부드럽습니다.

> **tip**
> 鳥肉는 鶏肉라고도 표기한다.

類 무리 류 18획

4학년

음 るい

鳥類 조류　人類 인류　類型 유형

훈 たぐい

類 같은 무리

人類の発展は無限大です。 인류의 발전은 무한대입니다.

この類のものをたくさん見てきました。 이런 종류를 많이 봐왔습니다.

4학년

殺

죽이다 **살**
감하다 **쇄**
[10획]

음 さつ / さい / せつ

殺人 살인　自殺 자살　殺傷 살상　殺到 쇄도　相殺 상쇄　殺生 살생

훈 ころす

殺す 죽이다

殺人は罪悪です。 살인은 죄악입니다.
人を殺してはいけません。 사람을 죽여서는 안 됩니다.

1학년

虫

벌레 **충**
[6획]

음 ちゅう

昆虫 곤충　寄生虫 기생충　殺虫 살충

훈 むし

虫 벌레　虫眼鏡 돋보기

色々な昆虫がいます。 여러 가지 곤충이 있습니다.
虫眼鏡で本を読みます。 돋보기로 책을 읽습니다.

1학년

犬

개 **견**
[4획]

음 けん

愛犬 애견　駄犬 똥개　日本犬 일본 개

훈 いぬ

犬 개

日本には愛犬が多いです。 일본에는 애견이 많습니다.
犬がほえています。 개가 짖고 있습니다.

1학년

貝

조개 **패**
[7획]

훈 かい

貝 조개　貝殻 조개 껍질

海辺に貝が出てきました。 바닷가에 조개가 나왔습니다.
貝殻で飾りました。 조개 껍질로 장식했습니다.

鳴
2학년
울다 **명**
14획

음 めい

悲鳴 비명

훈 なく / ならす / なる

鳴く 울다　鳴らす 울리다　鳴る 울다　耳鳴り 이명, 귀울음

悲鳴を上げないでください。 비명을 지르지 마세요.

鳥の鳴き声が聞こえて来ました。 새 울음소리가 들려 왔습니다.

魚
2학년
고기 **어**
11획

음 ぎょ

魚群 물고기 떼　金魚 금붕어　深海魚 심해어

훈 うお / さかな

魚(うお・さかな) 생선　魚市場 어시장

海で魚群に会いました。 바다에서 물고기 떼를 만났습니다.

魚は体にいいです。 생선은 몸에 좋습니다.

羽
2학년
깃 **우**
6획

음 う

羽毛 우모

훈 は / はね

羽(は・はね) 날개　羽田空港 하네다 공항

羽毛で作ったものです。 우모로 만든 것입니다.

羽を広げて飛んでいます。 날개를 펴고 날고 있습니다.

皮
3학년
가죽 **피**
5획

음 ひ

鉄面皮 철면피　皮革 피혁

훈 かわ

皮 가죽

鉄面皮のような人です。 철면피 같은 사람입니다.

皮作りの工場です。 가죽 만드는 공장입니다.

3학년

羊
양 **양**
6획

음 よう
めんよう 綿羊 면양　ようもう 羊毛 양모

훈 ひつじ
ひつじ 羊 양

ようもう つく 羊毛で作ったコートです。 양모로 만든 코트입니다.
ひつじ け ふく つく 羊の毛で服を作ります。 양털로 옷을 만듭니다.

4학년

毒
독 **독**
8획

음 どく
げ どく 解毒 해독　どくさつ 毒殺 독살

どく げ どく 毒を解毒しました。 독을 해독했습니다.
おうさま どくさつ 王様は毒殺されました。 임금님은 독살 당했습니다.

4학년

巣
새집 **소**
11획

음 そう
らんそう 卵巣 난소　そうくつ 巣窟 소굴

훈 す
す 巣 둥지, 새집　すだ 巣立つ 보금자리를 떠나다, 자립하다

らんそう 卵巣のホルモンです。 난소의 호르몬입니다.
き うえ す 木の上にかささぎの巣があります。 나무 위에 까치 둥지가 있습니다.

5학년

飼
먹이다 **사**
13획

음 し
し いく 飼育 사육　しりょう 飼料 사료

훈 かう
か 飼う 사육하다

し りょう にわとりに飼料をやりました。 닭에게 사료를 주었습니다.
ひつじ か 羊を飼っています。 양을 사육하고 있습니다.

6학년

卵 알 **란**
7획

음 ▶ **らん**
鶏卵(けいらん) 계란　受精卵(じゅせいらん) 수정란

훈 ▶ **たまご**
卵(たまご) 계란　生卵(なまたまご) 날계란

受精卵(じゅせいらん)の卵(たまご)からひよこが生(う)まれました。 수정란의 알에서 병아리가 태어났습니다.
生卵(なまたまご)は喉(のど)にいいです。 날계란은 목에 좋습니다.

2학년

岩 바위 **암**
8획

음 ▶ **がん**
岩石(がんせき) 암석

훈 ▶ **いわ**
岩(いわ) 바위

この周辺(しゅうへん)の岩石(がんせき)を調(しら)べてデータを作(つく)ります。 이 주변의 암석을 조사해서 데이터를 만들겠습니다.
岩(いわ)は山(やま)の上(うえ)にあります。 바위는 산 위에 있습니다.

2학년

池 못 **지**
6획

음 ▶ **ち**
貯水池(ちょすいち) 저수지

훈 ▶ **いけ**
池(いけ) 연못

貯水池(ちょすいち)の水(みず)は農業用水(のうぎょうようすい)です。 저수지의 물은 농업용수입니다.
池(いけ)の中(なか)に金魚(きんぎょ)が生(い)きています。 연못 안에 금붕어가 살고 있습니다.

2학년

谷 골짜기 **곡**
7획

음 ▶ **こく**
渓谷(けいこく) 계곡

훈 ▶ **たに**
谷(たに) 산골짜기　谷間(たにま) 골짜기

渓谷(けいこく)の水(みず)が涼(すず)しいです。 계곡 물이 시원합니다.
谷(たに)の間(あいだ)から日(ひ)が暮(く)れています。 계곡 사이로 해가 저물고 있습니다.

3학년

島
섬 **도**
10획

음 ▶ とう
半島 반도　無人島 무인도

훈 ▶ しま
島 섬　島国 섬나라

韓国は半島国家です。 한국은 반도 국가입니다.
日本は島国です。 일본은 섬나라입니다.

6학년

蚕
누에 **잠**
10획

음 ▶ さん
蚕業 잠업　蚕食 잠식　養蚕 양잠

훈 ▶ かいこ
蚕 누에

蚕業に従事している人が多いです。 잠업에 종사하고 있는 사람이 많습니다.
田舎で蚕を飼っています。 시골에서 누에를 치고 있습니다.

6학년

磁
자석 **자**
14획

음 ▶ じ
磁力 자기력　磁器 (도)자기

磁力で動くロボットを研究しています。

자기력으로 움직이는 로봇을 연구하고 있습니다

磁器を作っている陶工です。 (도)자기를 만들고 있는 도공입니다.

다음 한자의 알맞은 음에 동그라미 해 보세요.

① 炭
석 | 탄

② 玉
옥 | 왕

③ 宙
우 | 주

④ 星
성 | 좌

⑤ 島
조 | 도

⑥ 岩
암 | 석

⑦ 座
좌 | 석

⑧ 類
종 | 류

⑨ 毒
해 | 독

⑩ 飼
사 | 육

계절과 날씨

春	夏	秋	冬	季	節
봄 **춘**	여름 **하**	가을 **추**	겨울 **동**	끝 **계**	마디 **절**
溫	暖	寒	冷	空	気
따뜻하다 **온**	따뜻하다 **난**	차다 **한**	차다 **냉**	비다 **공**	기운 **기**
太	陽	片	雲	雪	雨
굵다 **태**	양기 **양**	조각 **편**	구름 **운**	눈 **설**	비 **우**
晴	風	降	暑		
맑다 **청**	바람 **풍**	내리다 **강**/항복하다 **항**	덥다 **서**		

春 봄 춘 (9획) — 2학년

음 **しゅん**
春分 춘분　立春 입춘　春期 춘기

훈 **はる**
春 봄

立春には豆を食べます。 입춘에는 콩을 먹습니다.
３月から春の季節です。 3월부터 봄의 계절입니다.

夏 여름 하 (10획) — 2학년

음 **か / げ**
夏期 하기　夏至 하지

훈 **なつ**
夏 여름　夏空 여름 하늘　夏場 여름철　夏休み 여름방학　真夏 한여름

夏期休暇を取りました。 하기 휴가를 받았습니다.
夏休みに日本へ行きます。 여름방학 때 일본에 갑니다.

秋 가을 추 (9획) — 2학년

음 **しゅう**
秋分 추분　千秋 천추　中秋 중추

훈 **あき**
秋 가을

秋分に新しい米を食べます。 추분에 새 쌀을 먹습니다.
秋になると涼しくなります。 가을이 되면 시원해집니다.

冬 겨울 동 (5획) — 2학년

음 **とう**
厳冬 엄동　冬眠 동면　春夏秋冬 춘하추동

훈 **ふゆ**
冬 겨울　冬休み 겨울방학

ヘビは冬眠に入りました。 뱀은 동면에 들어갔습니다.
冬休みにスキー場に行きます。 겨울방학에 스키장에 갑니다.

季

끝 **계**

8획

4학년

음 ▶ き

雨季 우계　季節 계절　夏季 하계　冬季 동계

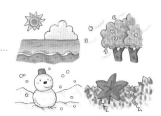

季節的には真夏です。 계절적으로는 한여름입니다.
冬季オリンピックで金メダルを取りました。

동계 올림픽에서 금메달을 땄습니다.

節

마디 **절**

13획

4학년

음 ▶ せつ / せち

音節 음절　関節 관절　お節料理 일본의 정월 명절 음식

훈 ▶ ふし

節 마디

関節が痛いです。 관절이 아픕니다.
竹は節が多い木です。 대나무는 마디가 많은 나무입니다.

温

따뜻하다 **온**

12획

3학년

음 ▶ おん

温室 온실　温度 온도　気温 기온

훈 ▶ あたたかい / あたたまる / あたためる

温かい 따뜻하다　温まる 따뜻해지다　温める 데우다

温室の中でバラの花が咲きました。 온실 안에서 장미꽃이 피었습니다.
温かい心を伝えてください。 따뜻한 마음을 전해 주세요.

暖

따뜻하다 **난**

13획

6학년

음 ▶ だん

温暖 온난　暖房 난방

훈 ▶ あたたかい / あたたまる / あたためる

暖かい 따뜻하다　暖まる 따뜻해지다　暖める 데우다

暖房を設置しています。 난방을 설치하고 있습니다.
天気が暖かくなりました。 날씨가 따뜻해졌습니다.

寒

3 학년

차다 **한**
12획

음 **かん**

寒暑 한서　寒波 한파　厳寒 엄한

훈 **さむい**

寒い 춥다　寒気 한기, 추위

寒波で全てのものが凍りました。 한파로 모든 것이 얼었습니다.
寒い冬に彼女と別れました。 추운 겨울에 그녀와 헤어졌습니다.

冷

4 학년

차다 **냉**
7획

음 **れい**

冷房 냉방　冷蔵庫 냉장고　寒冷 한랭

훈 **つめたい / ひえる / ひやす / ひやかす / さめる / さます**

冷たい 차가운　冷える 차가워지다　冷やす 차게 하다, 식히다
冷やかす 희롱하다　冷める 식다　冷ます 식히다

冷房が効きません。 냉방이 듣지 않습니다.
ビールを冷やしています。 맥주를 차갑게 하고 있습니다.

空

1 학년

비다 **공**
8획

음 **くう**

空中 공중　空間 공간　空気 공기

훈 **そら / あく / あける / から**

空 하늘, 허공　空く 비다　空ける 비우다　空 속이 빈

空気が汚れています。 공기가 탁해져 있습니다.
青い空です。 푸르른 하늘입니다.

気

1 학년

기운 **기**
6획

음 **き**

電気 전기, 전등　人気 인기　気象 기상

電気をつけてください。 전등을 켜 주세요.
彼女は人気者です。 그녀는 인기 있는 사람입니다.

太
굵다 **태**
4획
2학년

음 ▶ **たい / た**
太初 태초　丸太 통나무

훈 ▶ **ふとい**
太い 굵다　太る 살찌다

ここに丸太を運んでください。여기로 통나무를 옮겨 주세요.
手首が太くなりました。손목이 굵어졌습니다.

陽
양기 **양**
12획
3학년

음 ▶ **よう**
落陽 낙양　陽性 양성　太陽 태양

雲に太陽が隠れています。구름에 태양이 가려 있습니다.
検査で陽性が出ました。검사에서 양성이 나왔습니다.

片
조각 **편**
4획
6학년

음 ▶ **へん**
断片 단편

훈 ▶ **かた**
片 한 쪽　片想い 짝사랑

断片的です。단편적입니다.
片想いは悲しい愛です。짝사랑은 슬픈 사랑입니다.

雲
구름 **운**
12획
2학년

음 ▶ **うん**
雲海 운해　雲形 운형　雲中 운중　片雲 편운

훈 ▶ **くも**
雲 구름

雲海の上を飛行機が飛んでいます。운해 위를 비행기가 날고 있습니다.
雲が兎の形をしています。구름이 토끼 모양입니다.

tip
兎(うさぎ)는 가타카나로 ウサギ로도 많이 사용한다.

2학년

雪

눈 **설**
11획

음▶ **せつ** 　雪景 설경

훈▶ **ゆき**

雪 눈　雪祭り 눈축제　雪国 설국　雪山 설산

예외▶ 吹雪 눈보라

富士山の雪景はすばらしいです。 후지산의 설경은 멋집니다.
北海道は雪国です。 홋카이도는 설국입니다.

1학년

雨

비 **우**
8획

음▶ **う** 　雨量 우량

훈▶ **あめ / あま**

雨(あめ・あま)비　雨宿り 비를 피함　雨戸 덧문

예외▶ 小雨 가랑비

雨量が多いです。 우량이 많습니다.
雨が降っています。 비가 내리고 있습니다.

2학년

晴

맑다 **청**
12획

음▶ **せい** 　快晴 쾌청　晴天 푸른 하늘

훈▶ **はらす / はれる**

気晴らし 기분 전환　晴れる (날씨가)맑다　晴れ 맑음

快晴の天気です。 쾌청한 날씨입니다.
明日は晴れです。 내일은 맑음입니다.

2학년

風

바람 **풍**
9획

음▶ **ふう / ふ**

季節風 계절풍　風速 풍속　風船 풍선　お風呂 목욕

훈▶ **かぜ / かざ**

風 바람　風向き 바람 방향

예외▶ 風邪 감기

風速100キロの風が吹いています。 풍속 100km의 바람이 불고 있습니다.
強い風が吹いています。 강한 바람이 불고 있습니다.

6학년

降
내리다 **강**
항복하다 **항**
10획

음	こう
	下降 하강　降水量 강수량　投降 투항

훈	おりる / おろす / ふる
	降りる 내리다　降ろす 내려놓다　降る (눈, 비가) 내리다

降水量が少ないです。 강수량이 적습니다.

バスを降りています。 버스에서 내리고 있습니다.

3학년

暑
덥다 **서**
12획

음	しょ
	残暑 잔서　暑中 서중(삼복 더위)

훈	あつい
	暑い 덥다　暑苦しい 숨막히게 덥다

残暑の暑さがきびしいです。 잔서의 더위가 심합니다.

満員電車の中が暑苦しいです。 만원 전철 안이 숨막히게 덥습니다.

tip

일본에는 삼복더위에 주고 받는 엽서가 있는데 「お見舞(みま)い葉書(はがき)」라고 한다. 초복, 중복, 말복 중에는 「暑中(しょちゅう)、お見舞(みま)いを申(もう)し上(あ)げます。삼복더위에 안부말씀 올립니다.」라고 적어 보낸다.

 가장 복잡한 한자 따라 써보기

획순을 보고 따라 써 봅시다.

暖
따뜻하다 **난**

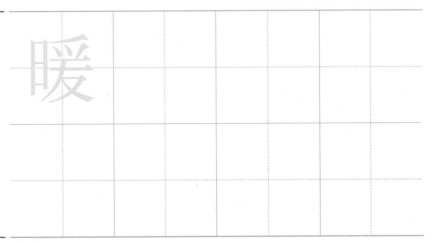

※한자의 획순은 왼쪽에서 오른쪽으로, 위에서 아래로 쓰는 것을 기본으로 합니다.

아래에서 단어가 되는 한자의 짝을 찾아 빈 칸에 써 보세요.

気　暖
片
冬　陽　寒　季
雨　温　風

① 温 ⬚

② 空 ⬚

③ 太 ⬚

④ 降 ⬚

⑤ 気 ⬚

⑥ ⬚ 冷

⑦ ⬚ 節

⑧ ⬚ 雲

⑨ ⬚ 季

⑩ ⬚ 速

감각과 감정

感	覚	特	別	想	像	信
감동하다 **감**	깨닫다 **각**	특별하다 **특**	다르다 **별**	생각하다 **상**	모양 **상**	믿다 **신**
念	謝	恩	尊	敬	興	味
생각 **념**	사례하다 **사**	은혜 **은**	높다 **존**	공경하다 **경**	일으키다 **흥**	맛 **미**
愛	好	悲	喜	幸	福	軽
사랑 **애**	좋다 **호**	슬퍼하다 **비**	기쁘다 **희**	다행 **행**	복 **복**	가볍다 **경**
快	心	情	德	仁	傷	誠
쾌하다 **쾌**	마음 **심**	뜻 **정**	덕 **덕**	어질다 **인**	상하다 **상**	정성 **성**
疑	激	奮	苦	良	勇	残
의심하다 **의**	과격하다 **격**	떨치다 **분**	쓰다 **고**	좋다 **양**	용감하다 **용**	남다 **잔**
博	厚	静	純			
넓다 **박**	두텁다 **후**	조용하다 **정**	순수하다 **순**			

3학년

感
감동하다 **감**
13획

음 ▶ **かん**
感情 감정　感動 감동　感じる 느끼다

ラブレターを見て感動されました。러브레터를 보고 감동 받았습니다.
感じたことを書いてください。느낀 것을 써 주세요.

4학년

覚
깨닫다 **각**
12획

음 ▶ **かく**
視覚 시각　発覚 발각　感覚 감각

훈 ▶ **おぼえる / さます / さめる**
覚える 기억하다　覚ます 잠이 깨다　覚める 정신이 들다

視覚障害者のための施設です。시각 장애자를 위한 시설입니다.
名前を覚えてください。이름을 기억해 주세요.

4학년

特
특별하다 **특**
10획

음 ▶ **とく**
特性 특성　独特 독특　特徴 특징

火に強い特性があります。불에 강한 특성이 있습니다.
独特な雰囲気の店です。독특한 분위기의 가게입니다.

4학년

別
다르다 **별**
7획

음 ▶ **べつ**
特別 특별　別館 별관　離別 이별

훈 ▶ **わかれる**
別れる 헤어지다

特別に考えて見ます。특별히 생각해 보겠습니다.
別れてしまいました。헤어져 버렸습니다.

3학년

想

생각하다 **상**

13획

음 そう / そ

ちゃくそう
着想 착상　予想 예상
よそう

훈 おもう

おも
想う 생각하다

予想通りになりました。 예상대로 되었습니다.
よそうどお

親のことを想うと涙が出ます。 부모님 생각을 하면 눈물이 납니다.
おや　　　　　おも　　　なみだ　で

5학년

像

모양 **상**

14획

음 ぞう

げんぞう
現像 사진 현상　実像 실상　想像 상상　仏像 불상
じつぞう　そうぞう　ぶつぞう

フィルム現像は難しい作業です。 필름 현상은 어려운 작업입니다.
げんぞう　むずか　さぎょう

想像は現実とは違います。 상상은 현실과 다릅니다.
そうぞう　げんじつ　ちが

4학년

信

믿다 **신**

9획

음 しん

かくしん
確信 확신　信条 신조　信じる 믿다
しんじょう　しん

確信できることです。 확신할 수 있는 일입니다.
かくしん

私を信じてください。 저를 믿어 주세요.
わたし　しん

4학년

念

생각 **념**

8획

음 ねん

しんねん
信念 신념　専念 전념
せんねん

信念を持って頑張ってください。 신념을 가지고 분발해 주세요.
しんねん　も　　がんば

学業に専念するために辞めます。 학업에 전념하기 위해 그만두겠습니다.
がくぎょう　せんねん　　　　や

謝

5학년

사례하다 **사**

17획

음 しゃ

<ruby>感<rt>かん</rt></ruby><ruby>謝<rt>しゃ</rt></ruby> 감사　<ruby>謝<rt>しゃ</rt></ruby><ruby>礼<rt>れい</rt></ruby> 사례

훈 あやまる

<ruby>謝<rt>あやま</rt></ruby>る 사과하다

<ruby>深<rt>ふか</rt></ruby>く<ruby>感<rt>かん</rt></ruby><ruby>謝<rt>しゃ</rt></ruby>します。 깊이 감사합니다.

<ruby>謝<rt>あやま</rt></ruby>ってください。 사과해 주세요.

恩

5학년

은혜 **은**

10획

음 おん

<ruby>恩<rt>おん</rt></ruby><ruby>人<rt>じん</rt></ruby> 은인　<ruby>謝<rt>しゃ</rt></ruby><ruby>恩<rt>おん</rt></ruby><ruby>会<rt>かい</rt></ruby> 사은회

<ruby>彼<rt>かれ</rt></ruby>は<ruby>私<rt>わたし</rt></ruby>の<ruby>命<rt>いのち</rt></ruby>の<ruby>恩<rt>おん</rt></ruby><ruby>人<rt>じん</rt></ruby>です。 그는 나의 생명의 은인입니다.

<ruby>卒<rt>そつ</rt></ruby><ruby>業<rt>ぎょう</rt></ruby><ruby>式<rt>しき</rt></ruby>の<ruby>後<rt>あと</rt></ruby>に<ruby>謝<rt>しゃ</rt></ruby><ruby>恩<rt>おん</rt></ruby><ruby>会<rt>かい</rt></ruby>がありました。 졸업식 후에 사은회가 있었습니다.

尊

6학년

높다 **존**

12획

음 そん

<ruby>自<rt>じ</rt></ruby><ruby>尊<rt>そん</rt></ruby> 자존　<ruby>尊<rt>そん</rt></ruby><ruby>重<rt>ちょう</rt></ruby> 존중

훈 たっとい / たっとぶ / とうとい / とうとぶ

<ruby>尊<rt></rt></ruby>(たっと・とうと)い 소중하다

<ruby>尊<rt></rt></ruby>(たっと・とうと)ぶ 존경하다

<ruby>相<rt>あい</rt></ruby><ruby>手<rt>て</rt></ruby>の<ruby>意<rt>い</rt></ruby><ruby>見<rt>けん</rt></ruby>を<ruby>尊<rt>そん</rt></ruby><ruby>重<rt>ちょう</rt></ruby>します。 상대방의 의견을 존중합니다.

<ruby>日<rt>に</rt></ruby><ruby>本<rt>ほん</rt></ruby><ruby>旅<rt>りょ</rt></ruby><ruby>行<rt>こう</rt></ruby>は<ruby>尊<rt>とうと</rt></ruby>い<ruby>体<rt>たい</rt></ruby><ruby>験<rt>けん</rt></ruby>でした。 일본여행은 소중한 체험이었습니다.

敬

6학년

공경하다 **경**

12획

음 こう

<ruby>敬<rt>けい</rt></ruby><ruby>愛<rt>あい</rt></ruby> 경애　<ruby>敬<rt>けい</rt></ruby><ruby>礼<rt>れい</rt></ruby> 경례　<ruby>敬<rt>けい</rt></ruby><ruby>老<rt>ろう</rt></ruby> 경로　<ruby>尊<rt>そん</rt></ruby><ruby>敬<rt>けい</rt></ruby> 존경

훈 うやまう

<ruby>敬<rt>うやま</rt></ruby>う 공경하다

<ruby>敬<rt>けい</rt></ruby><ruby>礼<rt>れい</rt></ruby>で<ruby>挨<rt>あい</rt></ruby><ruby>拶<rt>さつ</rt></ruby>をしました。 경례로 인사를 했습니다.

<ruby>敬<rt>うやま</rt></ruby>う<ruby>心<rt>こころ</rt></ruby>を<ruby>見<rt>み</rt></ruby>せてください。 존경하는 마음을 보여 주세요.

5학년

興
일으키다 **흥**
16획

음 こう / きょう
興亡 흥망　中興 중흥　新興 신흥

훈 おこる / おこす
興る 흥하다　興す (사업 등을)일으키다

話題の新興企業です。 화제의 신흥 기업입니다.
情報産業が興りました。 정보 산업이 흥성했습니다.

3학년

味
맛 **미**
8획

음 み
意味 의미　興味 흥미　趣味 취미　味覚 미각

훈 あじ
味 맛　味わう 맛보다

意味のない話です。 의미 없는 말입니다.
味が塩辛いです。 맛이 짭니다.

4학년

愛
사랑 **애**
13획

음 あい
愛情 애정　愛人 애인, 정부　愛する 사랑하다

예외 愛しい 사랑스러운　愛娘 사랑스러운 딸

愛情が溢れます。 애정이 넘칩니다.
あなたを愛しています。 당신을 사랑하고 있습니다.

4학년

好
좋다 **호**
6획

음 こう
愛好 애호　好意 호의　好調 호조

훈 このむ / すく
好む 좋아하다　好き 좋아함

好意に答えます。 호의에 보답하겠습니다.
読書を好んでいます。 독서를 좋아하고 있습니다.

3학년

悲
슬퍼하다 **비**
2획

음 ひ
悲観 비관

훈 かなしい
悲しい 슬프다　悲しむ 슬퍼하다

生き方が悲観的です。 사는 방법이 비관적입니다.
悲しい事は忘れてください。 슬픈 일은 잊어 주세요.

4학년

喜
기쁘다 **희**
12획

음 き
喜寿 희수　悲喜 희비

훈 よろこぶ
喜ぶ 기뻐하다

喜寿のお祝いをしました。 희수 축하를 했습니다.
合格をして喜んでいます。 합격을 해서 기뻐하고 있습니다.

3학년

幸
다행 **행**
8획

음 こう
幸運 행운　多幸 다행　不幸 불행

훈 さいわい / さち / しあわせ
幸い 다행, 행복　幸うすい 박복한　幸せ 행복

幸運を祈ります。 행운을 빌겠습니다.
幸いなことです。 다행스런 일입니다.

3학년

福
복 **복**
13획

음 ふく
幸福 행복　福徳 복덕　福ぶくろ 복 주머니(럭키 박스)

幸福な生活をしています。 행복한 생활을 하고 있습니다.
福ぶくろの中にカメラが入っていました。

복 주머니 안에 카메라가 들어 있었습니다.

軽

3학년

가볍다 **경**
12획

음 けい
軽挙 경거　軽視 경시

훈 かるい / かろやか
軽い 가볍다　軽やか 가뿐한

人を軽視してはいけません。 사람을 경시해서는 안 됩니다.
軽く考えてください。 가볍게 생각하세요.

快

5학년

쾌하다 **쾌**
7획

음 かい
痛快 통쾌　明快 명쾌　軽快 경쾌

훈 こころよい
快い 기분이 좋다, 유쾌하다

痛快な気持ちでした。 통쾌한 기분이었습니다.
快く引き受けました。 기분 좋게 받아들였습니다.

心

2학년

마음 **심**
4획

음 しん
安心 안심　心身 심신　本心 본심

훈 こころ
心 마음

心身共に疲れます。 심신 모두 피곤합니다.
魚心あれば水心。 오는 정이 있어야 가는 정이 있다.

情

5학년

뜻 **정**
11획

음 じょう / せい
情熱 정열　情報 정보　心情 심정

훈 なさけ
情け 정　情けない 한심한, 정 없는

彼氏は情熱的な人です。 남자 친구는 정열적인 사람입니다.
情けのない社会です。 정 없는 사회입니다.

5학년

徳
덕 **덕**
14획

음▶ **とく**
恩徳 은덕　人徳 인덕　道徳 도덕

彼の人徳は世界一です。그의 인덕은 세계 제일입니다.
道徳的な行動ではありません。도덕적인 행동이 아닙니다.

6학년

仁
어질다 **인**
4획

음▶ **じん / に**
仁愛 인애　仁術 인술　仁王 인왕(불교 용어)

仁愛で百姓を治めます。인애로 백성을 다스립니다.
仁術で病気を治します。인술로 병을 고칩니다.

6학년

傷
상하다 **상**
13획

음▶ **しょう**
傷心 상심

훈▶ **きず / いたむ / いためる**
傷 상처　傷む 아프다　傷める 손상시키다

傷心を慰めました。상심을 달랬습니다.
心の傷が深いです。마음의 상처가 깊습니다.

6학년

誠
정성 **성**
13획

음▶ **せい**
誠意 성의　誠実 성실

훈▶ **まこと**
誠 진실　誠に 정말로

誠実に勤めてください。성실히 근무해 주세요.
誠に立派なことです。정말 훌륭한 일입니다.

疑
의심하다 **의**
14획
6학년

음 ぎ
疑問詞 의문사 疑問文 의문문 質疑 질의

훈 うたがう
疑う 의심하다

この文章を疑問文に直しなさい。 이 문장을 의문문으로 고치시오.
人を疑ってはいけません。 사람을 의심해서는 안 됩니다.

激
과격하다 **격**
16획
6학년

음 げき
激突 격돌 感激 감격 過激 과격

훈 はげしい
激しい 격하다

完成度の高さに感激しました。 높은 완성도에 감격했습니다.
激しく言い争っています。 격하게 말다툼하고 있습니다.

奮
떨치다 **분**
16획
6학년

음 ふん
興奮 흥분 奮起 분기

훈 ふるう
奮う 떨치다, 용기를 내다

興奮しないでください。 흥분하지 마세요.
奮って立ち向かいました。 용기를 내어 맞섰습니다.

苦
쓰다 **고**
8획
3학년

음 く
苦戦 고전 苦痛 고통

훈 くるしい / くるしむ / くるしめる / にがい
苦しい 고통스럽다 苦しむ 괴로워하다 苦しめる 괴롭히다 苦い 쓰다,

アメリカを相手に苦戦しています。 미국을 상대로 고전하고 있습니다.
息苦しい試合でした。 숨막히는 시합이었습니다.

4학년

良
좋다 **양**
7획

음 りょう

りょうしん
良心 양심　良好 양호　不良 불량
りょうこう　　ふりょう

훈 よい

よ
良い

ふりょう　　だ
不良を出さないでてください。 불량을 내지 마세요.
かれ　　なか　　よ
彼との仲は良いです。 그와의 사이는 좋습니다.

4학년

勇
용감하다 **용**
9획

음 ゆう

ゆう き　　ゆう し
勇気 용기　勇士 용사

훈 いさむ

いさ
勇む 기운이 솟다

ゆう き　　だ
勇気を出してください。 용기를 내세요.
いさ
ジョギングのおかげで勇んでいます。 조깅 덕분에 기운이 솟고 있습니다.

4학년

残
남다 **잔**
10획

음 ざん

ざんがい　　ざんがく　　はいざん
残害 잔해　残額 잔액　敗残 패잔

훈 のこす / のこる

のこ　　　　　のこ
残す 남기다　残る 남다

ざんがく
残額があまりありません。 잔액이 얼마 없습니다.
かね　　のこ
お金を残しました。 돈을 남겼습니다.

> **tip**
> '잔액'이라는 의미의 残額
> 은 残高(ざんだか)라고도
> 표현합니다.

4학년

博
넓다 **박**
12획

음 はく / ばく

はくあい　　はくぶつかん　　はくらんかい　　ばくち
博愛 박애　博物館 박물관　博覧会 박람회　博打 도박, 노름

じんせい　　ばくち
人生は博打みたいなものです。 인생은 도박과도 같은 것입니다.
はくぶつかん　　けんがく
博物館を見学しました。 박물관을 견학했습니다.

厚

5학년

두텁다 **후**

9획

음 ▶ こう

こうせい
厚生 후생　のうこう
濃厚 농후

훈 ▶ あつい

あつ
厚い 두껍다

あまりにも濃厚な話です。 너무나 농후한 이야기입니다.
厚い信頼関係です。 두터운 신뢰 관계입니다.

静

4학년

조용하다 **정**

14획

음 ▶ せい / じょう

あんせい
安静 안정　せいしゅく
静粛 정숙　じょうみゃく
静脈 정맥

훈 ▶ しずか / しずまる / しずめる

しず
静かだ 조용하다　しず
静まる 조용해지다　しず
静める 가라앉히다

せいしゅく
静粛にしてください。 정숙해 주세요.
しず　せいかく
静かな性格です。 조용한 성격입니다.

純

6학년

순수하다 **순**

10획

음 ▶ じゅん

たんじゅん
単純 단순　じゅんぱく
純白 순박　せいじゅん
清純 청순

たんじゅん　かんが
単純な考えです。 단순한 생각입니다.
じゅんぱく　こころ　そんけい
純白な心を尊敬します。 순박한 마음을 존경합니다.

정답 p.335

다음 한자의 음과 뜻을 바르게 이어보세요.

❶ 謝 ·   · 사례하다 **사**

❷ 像 ·   · 형상 **상**

❸ 味 ·   · 다르다 **별**

❹ 特 ·   · 특별하다 **특**

❺ 別 ·   · 감동하다 **감**

❻ 感 ·   · 깨닫다 **각**

❼ 敬 ·   · 믿다 **신**

❽ 信 ·   · 높다 **존**

❾ 覚 ·   · 공경하다 **경**

❿ 尊 ·   · 맛 **미**

試	驗	採	点	解	答
시험하다 **시**	시험하다 **험**	캐다 **채**	점 **점**	풀다 **해**	대답하다 **답**
用	紙	合	格	努	力
쓰다 **용**	종이 **지**	합하다 **합**	이르다 **격**	힘쓰다 **노**	힘 **력**
文	字	算	数	歷	史
글월 **문**	자 **자**	셈하다 **산**	셈하다 **수**	지나다 **력**	사관 **사**
基	本	科	冊	章	漢
터 **기**	근본 **본**	품등 **과**	책 **책**	글 **장**	한나라 **한**
標	不	正	語		
표 **표**	아니다 **부/불**	바르다 **정**	말하다 **어**		

試 시험하다 시 (13획) — 4학년

음 し
試行 시행　試食 시식　試着 시착

훈 こころみる / ためす
試みる 시도하다　試す 시험하다

この服、試着してみてもいいですか。 이 옷, 입어 봐도 됩니까?
試して見てください。 시험해 보세요.

験 시험하다 험 (18획) — 4학년

음 けん / げん
経験 경험　試験 시험　体験 체험　霊験 영험

昨日から期末試験が始まりました。 어제부터 기말시험이 시작되었습니다.
異文化体験をしてください。 이문화 체험을 하세요.

採 캐다 채 (11획) — 5학년

음 さい
採択 채택　採点 채점　採用 채용

훈 とる
採る 뽑다, 채택하다

採用試験をあります。 채용 시험이 있습니다.
山の中で薬草を採りました。 산 속에서 약초를 캤습니다.

点 점 점 (9획) — 2학년

음 てん
加算点 가산점　点数 점수　満点 만점

훈 ともす
点す (불을)붙이다, (불을)켜다

日本語の試験は満点です。 일본어 시험은 만점입니다.
高い点数を取りました。 높은 점수를 받았습니다.

解 풀다 해 13획

5학년

음▶ かい / げ

読解 독해　解剖 해부　見解 견해　理解 이해　解熱 해열

훈▶ とく / とかす / とける

解く 풀다　解かす 녹이다　解ける 풀리다

読解練習をしています。 독해 연습을 하고 있습니다.

ややこしい問題を解きました。 까다로운 문제를 풀었습니다.

答 대답하다 답 12획

2학년

음▶ とう

回答 회답　解答 해답　答案 답안　答弁 답변

훈▶ こたえる

答える 대답하다

答案用紙を出してください。 답안 용지를 제출해 주세요.

はっきりと答えてください。 확실하게 대답해 주세요.

用 쓰다 용 5획

2학년

음▶ よう

日用品 일용품　実用 실용　利用 이용　作用 작용　用事 볼일

훈▶ もちいる

用いる 이용하다

今日の午後は用事があります。 오늘 오후에는 볼일이 있습니다.

何かを用いてやります。 무언가를 이용해서 합니다.

紙 종이 지 10획

2학년

음▶ し

紙面 지면　用紙 용지

훈▶ かみ

紙 종이

答案用紙が足りません。 답안 용지가 모자랍니다.

厚い紙を使ってください。 두꺼운 종이를 사용해 주세요.

2학년

合
합하다 **합**
6획

음 ▶ ごう / がっ / かっ

合同 합동　合作 합작　合戦 전투, 접전

훈 ▶ あう / あわす / あわせる

合う 합하다, 일치하다　合わせる 맞추다, 합치다　合わす 맞추다, 합치다

合同文化祭を開くことになりました。 합동 문화제를 열게 되었습니다.
相互間の意見が合いました。 상호 간의 의견이 일치했습니다.

5학년

格
이르다 **격**
10획

음 ▶ かく / こう

合格 합격　資格 자격　品格 품격　格子 격자

保育士の資格を取りました。 보육 교사 자격을 취득했습니다.
希望の大学に合格しました。 희망하는 대학에 합격했습니다.

4학년

努
힘쓰다 **노**
7획

음 ▶ ど

努力 노력

훈 ▶ つとめる

努める 힘쓰다, 노력하다

努力のない成功はありません。 노력 없는 성공은 없습니다.
動物の研究に努めています。 동물 연구에 힘쓰고 있습니다.

1학년

力
힘 **력**
2획

음 ▶ りょく / りき

学力 학력　人力(じんりょく・じんりき) 인력　力説 역설
力士 씨름 선수

훈 ▶ ちから

力 힘　力強い 힘세다

人力車に乗りました。 인력거를 탔습니다.
疲れて力が出なくなりました。 피곤해서 힘이 나지 않습니다.

tip

일본 씨름을 「相撲(すもう)」라고 말하고 씨름을 업으로 하는 사람을 가리켜 「力士(りきし)」라고 한다.

文

1학년

글월 **문**
4획

음 ぶん / もん

文房具 문방구 本文 본문 文句 문구

훈 ふみ

文 서한, 편지

本文を読んでください。 본문을 읽어 주세요.

文を送ります。 서한을 보내겠습니다.

字

1학년

자 **자**
6획

음 じ

字幕 자막 文字 문자 習字 습자

훈 あざ

字 아자(市, 町, 村보다 작은 단위의 지역 명칭)

字幕を見てください。 자막을 보세요.

字は大きさによって大字と小字に分けられる。

아자는 크기에 따라 오오아자와 코아자로 나뉜다.

算

2학년

셈하다 **산**
14획

음 さん

計算 계산 暗算 암산

計算式が間違っています。 계산식이 틀렸습니다.

暗算大会で優勝しました。 암산 대회에서 우승했습니다.

数

2학년

셈하다 **수**
13획

음 すう / す

数学 수학 数字 숫자 算数 산수 正数 정수

훈 かず / かぞえる

数 수 数える 셈하다, 세다

数学が得意です。 수학을 잘 합니다.

数を数えてください。 수를 세어 주세요.

歴

4학년

음 ▶ **れき**

<ruby>経歴<rt>けいれき</rt></ruby> 경력 <ruby>歴任<rt>れきにん</rt></ruby> 역임

지나다 **력**
14획

<ruby>経歴証明書<rt>けいれきしょうめいしょ</rt></ruby>を<ruby>出<rt>だ</rt></ruby>してください。 경력 증명서를 제출해 주세요.
<ruby>彼女<rt>かのじょ</rt></ruby>は<ruby>数々<rt>かずかず</rt></ruby>の<ruby>重職<rt>じゅうしょく</rt></ruby>を<ruby>歴任<rt>れきにん</rt></ruby>してきました。

그녀는 수많은 요직을 역임해 왔습니다.

史

4학년

음 ▶ **し**

<ruby>史学<rt>しがく</rt></ruby> 사학 <ruby>史書<rt>ししょ</rt></ruby> 사서 <ruby>歴史<rt>れきし</rt></ruby> 역사

사관 **사**
5획

<ruby>博物館<rt>はくぶつかん</rt></ruby>に<ruby>価値<rt>かち</rt></ruby>のある<ruby>史書<rt>ししょ</rt></ruby>が<ruby>保管<rt>ほかん</rt></ruby>されています。

박물관에 가치 있는 사서가 보관되어 있습니다.
<ruby>歴史<rt>れきし</rt></ruby>を<ruby>専攻<rt>せんこう</rt></ruby>しています。 역사를 전공하고 있습니다.

基

5학년

음 ▶ **き**

<ruby>基準<rt>きじゅん</rt></ruby> 기준 <ruby>基因<rt>きいん</rt></ruby> 기인 <ruby>基本<rt>きほん</rt></ruby> 기본

훈 ▶ **もと**

<ruby>基<rt>もと</rt></ruby> 근본

터 **기**
11획

<ruby>作成基準<rt>さくせいきじゅん</rt></ruby>に<ruby>基<rt>もと</rt></ruby>づいて<ruby>書<rt>か</rt></ruby>いてください。 작성 기준에 의거하여 써 주세요.
<ruby>事実<rt>じじつ</rt></ruby>を<ruby>基<rt>もと</rt></ruby>に<ruby>調<rt>しら</rt></ruby>べました。 사실을 토대로 조사했습니다.

本

1학년

음 ▶ **ほん**

<ruby>本<rt>ほん</rt></ruby> 책 <ruby>本体<rt>ほんたい</rt></ruby> 본체 <ruby>本屋<rt>ほんや</rt></ruby> 책방 <ruby>本業<rt>ほんぎょう</rt></ruby> 본업

훈 ▶ **もと**

<ruby>本<rt>もと</rt></ruby> 근본

근본 **본**
6획

パソコンの<ruby>本体<rt>ほんたい</rt></ruby>は<ruby>高<rt>たか</rt></ruby>いです。 컴퓨터 본체는 비쌉니다.
<ruby>本<rt>もと</rt></ruby>を<ruby>正<rt>ただ</rt></ruby>しました。 근본을 바로 잡았습니다.

2학년

科

품등 **과**
9획

음 ▶ か

科学 과학　科目 과목
<small>か がく</small>　<small>か もく</small>

科学的に証明されました。 과학적으로 증명되었습니다.
<small>か がくてき</small>　<small>しょうめい</small>

得意な科目は何ですか。 잘하는 과목은 무엇입니까?
<small>とく い</small>　<small>か もく</small>　<small>なん</small>

6학년

冊

책 **책**
5획

음 ▶ さつ

冊子 책자　二冊 두 권
<small>さっ し</small>　<small>に さつ</small>

本を二冊買いました。 책을 두 권 샀습니다.
<small>ほん</small>　<small>に さつ か</small>

書庫に冊子が多いです。 서고에 책자가 많습니다.
<small>しょ こ</small>　<small>さっ し</small>　<small>おお</small>

3학년

章

글 **장**
11획

음 ▶ しょう

印章 인장　文章 문장
<small>いんしょう</small>　<small>ぶんしょう</small>

分かりやすい文章で表しています。 알기 쉬운 문장으로 표현되어 있습니다.
<small>わ</small>　<small>ぶんしょう</small>　<small>あらわ</small>

この書類に印章をおしてください。 이 서류에 인장을 찍어 주세요.
<small>しょるい</small>　<small>いんしょう</small>

3학년

漢

한나라 **한**
13획

음 ▶ かん

漢字 한자　漢文 한문
<small>かん じ</small>　<small>かんぶん</small>

漢字の読み方が難しいです。 한자 읽는 법이 어렵습니다.
<small>かん じ</small>　<small>よ</small>　<small>かた</small>　<small>むずか</small>

漢文を読めるには漢字の勉強をしなければなりません。
<small>かんぶん</small>　<small>よ</small>　<small>かん じ</small>　<small>べんきょう</small>

한문을 읽을 수 있으려면 한자 공부를 하지 않으면 안 됩니다.

4학년

標

표 표
15획

음 ひょう

標高 표고　標的 표적　目標 목표

誰でも犯罪の標的になれるということを忘れてはいけません。

누구나 범죄의 표적이 될 수 있다는 것을 잊지 말아야 합니다.

目標は1級を取ることです。 목표는 1급을 취득하는 것입니다.

4학년

不

아니다 부/불
4획

음 ふ / ぶ

不潔 불결　不信 불신　不用心 주의가 부족함, 어수선함

不信感を持たないようにしてください。 불신감을 갖지 않도록 해 주세요.

彼は不用心で心配です。 그는 주의가 부족해서 걱정입니다.

1학년

正

바르다 정
5획

음 せい / しょう

正社員 정사원　正門 정문　正面 정면　不正 부정

훈 ただしい / ただす / まさ

正しい 올바르다　正す 바로잡다　正に 그야말로

正社員になりました。 정사원이 되었습니다.

正しい生活をしてください。 바른 생활을 해 주세요.

2학년

語

말하다 어
14획

음 ご

言語 언어　語調 어조　語録 어록　用語 용어

훈 かたる / かたらう

語る 말하다　語らう 이야기를 주고받다

tip
「語(かた)る」는 문어체에서 많이 사용되고 앞에서 설명했던 「話(はな)す」와 「言(い)う」는 구어체에서 많이 사용된다.

専門用語は辞書を引いてください。 전문 용어는 사전에서 찾아 주세요.

語るに足りる人です。 말이 통하는 사람입니다.

남는 한자가 없도록 단어가 되는 한자를 짝지어 이어보세요.

① 基 ·　　　　　· 史

② 歷 ·　　　　　· 数

③ 算 ·　　　　　· 力

④ 努 ·　　　　　· 格

⑤ 試 ·　　　　　· 答

⑥ 解 ·　　　　　· 驗

⑦ 合 ·　　　　　· 本

⑧ 言 ·　　　　　· 紙

⑨ 漢 ·　　　　　· 語

⑩ 用 ·　　　　　· 字

신체

肉	体	手	足	自	己
고기 육	몸 체	손 수	발 족	스스로 자	자기 기
素	顔	胃	液	口	舌
희다 소	얼굴 안	밥통 위	즙 액	입 구	혀 설
血	管	骨	折	呼	吸
피 혈	관 관	뼈 골	꺾다 절	숨쉬다/부르다 호	숨쉬다 흡
身	長	耳	目	鼻	歯
몸 신	길다 장	귀 이	눈 목	코 비	이 치
毛	腹	腸	脳	肺	胸
털 모	배 복	창자 장	머릿골 뇌	폐 폐	가슴 흉
首	面	背	筋	臓	
머리/목 수	낯 면	등 배	힘줄 근	오장 장	

肉 고기 육 (6획) — 2학년

음 にく
にくしん 肉親 육친　ぶたにく 豚肉 돼지고기　にくしょく 肉食 육식

훈 しし
しし 肉 (짐승의)고기

ぶたにく 豚肉は ぎゅうにく 牛肉より やす 安いです。 돼지고기는 소고기보다 쌉니다.
ライオンは にくしょくどうぶつ 肉食動物です。 사자는 육식 동물입니다.

体 몸 체 (7획) — 2학년

음 たい
たいいく 体育 체육　にくたい 肉体 육체　たいそう 体操 체조

훈 からだ
からだ 体 몸

たいいく 体育の じかん 時間にサッカーをしました。 체육 시간에 축구를 했습니다.
からだ 体に き 気をつけてください。 몸조심 하세요.

手 손 수 (4획) — 1학년

음 しゅ
しゅき 手記 수기　しゅそく 首足 수족

훈 て
て 手 손　て 手ぶくろ 장갑

예외 じょうず 上手 능숙함　へた 下手 서투름

しゅき 手記を ほん 本に しゅっぱん 出版しました。 수기를 책으로 출판했습니다.
て 手を あ 挙げてください。 손을 들어 주세요.

足 발 족 (7획) — 1학년

음 そく
ふそく 不足 부족　てぶそく 手不足 일손 부족

훈 あし / たす / たりる / たる
あし 足 발　あしもと 足下 발밑　てあし 手足 손발　た 足す 더하다　た 足りる 족하다　た 足る 족하다

いなか 田舎の てぶそくもんだい 手不足問題が しんこく 深刻です。 시골의 일손 부족 문제가 심각합니다.
あし 足が いた 痛いです。 발이 아픕니다.

自 스스로 자 6획

음 じ / し

じゆう
自由 자유　各自 각자

훈 みずから

みずか
自ら 자기 스스로

예외 自ずと 자연히

ご自由にお取りください。 마음대로 가져가세요.
自ら反省してください。 스스로 반성해 주세요.

己 자기 기 3획

음 こ / き

じこ
自己 자기　知己 지기

훈 おのれ

おの
己れ 자기 자신

自己管理をしてください。 자기 관리를 해 주세요.
己れの本分が分かりません。 자기 자신의 본분을 모릅니다.

素 희다 소 10획

음 そ / す

さんそ
酸素 산소　素質 소질　平素 평소　素手 맨손

くるま なか さんそ ふそく
車の中に酸素が不足しています。 차 안에 산소가 부족합니다.
素質を開発しました。 소질을 개발했습니다.

顔 얼굴 안 18획

음 がん

がんめん どうがん
顔面 안면　童顔 동안

훈 かお

かお ねがお あさがお にがおえ すがお
顔 얼굴　寝顔 자는 얼굴　朝顔 나팔꽃　似顔絵 초상화, 몽타주　素顔 맨 얼굴

かれ どうがん
彼は童顔でハンサムです。 그는 동안이고 핸섬합니다.
顔を洗ってください。 얼굴을 닦으세요.

4학년

胃

밥통 **위**

9획

음 ▶ **い**
胃液 위액　胃腸 위장

胃液が多く出てきました。 위액이 많이 나왔습니다.
胃腸が良くないです。 위장이 좋지 않습니다.

5학년

液

즙 **액**

11획

음 ▶ **えき**
液体 액체　血液型 혈액형　修正液 수정액

血液型は何型ですか。 혈액형은 무슨 형입니까?
修正液で消します。 수정액으로 지우겠습니다.

1학년

口

입 **구**

3획

음 ▶ **こう / く**
口頭 구두　口述 구술　口説く 구슬리다

훈 ▶ **くち**
口 입　口止 입막음　入口 입구

口頭でお答えください。 구두로 대답해 주십시오.
入口の方に行ってください。 입구 쪽으로 가 주세요.

5학년

舌

혀 **설**

6획

음 ▶ **ぜつ**
口舌 구설　毒舌 독설

훈 ▶ **した**
舌 혀

毒舌をふるいました。 독설을 퍼부었습니다.
舌を出してください。 혀를 내세요.

3학년

血

피 **혈**
6획

음 けつ

けつあつ　けっとう　し けつ
血圧 혈압　血統 혈통　止血 지혈

훈 ち

ち　　 ち
血 피　血だらけ 피투성이

けつあつ　たか
血圧が高いです。 혈압이 높습니다.

ち　　みず　　　こ
血は水より濃いです。 피는 물보다 진합니다.

4학년

管

관 **관**
14획

음 かん

かん り　　けっかん　　しょかん
管理 관리　血管 혈관　所管 소관

훈 くだ

くだ
管 관

예외 ひたすら
只管 한결같이

けっかん　ちゅうしゃ　う
血管に注射を打ちます。 혈관에 주사를 놓습니다.

すいどう　くだ　　つ
水道の管が詰まりました。 수도관이 막혔습니다.

6학년

骨

뼈골 **골**
10획

음 こつ

こっかく　　のうこつ
骨格 골격　納骨 납골

훈 ほね

ほね
骨 뼈

こっかく　ちい　　　　　　　ひと
骨格が小さくてかわいい人です。 골격이 작아 귀여운 사람입니다.

ほね　　はず
骨が外れました。 뼈가 빠졌습니다.

4학년

折

꺾다 **절**
7획

음 せつ

きょくせつ　こっせつ
曲折 곡절　骨折 골절

훈 おる / おれる

お　　　　　　お
折る 꺾다　折れる 꺾이다

あしくびこっせつ　　にゅういん
足首骨折で入院しました。 발목 골절로 입원했습니다.

はな　お
花を折らないでください。 꽃을 꺾지 마세요.

呼 숨쉬다/부르다 호
6학년 · 8획

음 こ
歓呼 환호　呼応 호응　呼称 호칭

훈 よぶ
呼ぶ 부르다

呼称は省略します。 호칭은 생략하겠습니다.
私を呼んでください。 저를 불러 주세요.

吸 숨쉬다 흡
6학년 · 6획

음 きゅう
呼吸 호흡　吸引力 흡인력　吸収 흡수

훈 すう
吸う (공기를)마시다, (담배를)피우다

呼吸困難で死亡しました。 호흡 곤란으로 사망했습니다.
たばこを吸っています。 담배를 피우고 있습니다.

身 몸 신
3학년 · 7획

음 しん
身体 신체　単身 단신

훈 み
身 몸

遠いところで単身赴任の生活をします。
민 곳에서 단신부임 생활을 하고 있습니다.
身も心も疲れました。 몸도 마음도 피곤합니다.

長 길다 장
2학년 · 8획

음 ちょう
身長 신장　長身 장신　長所 장점　長官 장관

훈 ながい
長い 길다　長さ 길이

身長はいくつですか。 신장은 얼마입니까?
この頃は日が長くなりました。 요즘은 해가 길어졌습니다.

1학년

耳
귀 **이**
6획

음 じ
耳目(じもく) 이목, 견문

훈 みみ
耳(みみ) 귀 耳飾り(みみかざり) 귀걸이 耳障り(みみざわり) 귀에 거슬림

耳目(じもく)が多(おお)いです。 이목이 많습니다.
耳(みみ)が遠(とお)いです。 귀가 어둡습니다.

1학년

目
눈 **목**
5획

음 もく / ぼく
面目(めんもく・めんぼく) 면목 注目(ちゅうもく) 주목

훈 め / ま
目映(まばゆ)い 눈부시다 目上(めうえ) 윗사람 目薬(めぐすり) 눈약 目玉(めだま) 눈알

ご注目(ちゅうもく)ください。 주목해 주세요.
目(め)が悪(わる)くなりました。 눈이 나빠졌습니다.

3학년

鼻
코 **비**
14획

음 び
鼻炎(びえん) 비염 鼻音(びおん) 비음

훈 はな
鼻(はな) 코 鼻血(はなぢ) 코피

鼻炎(びえん)にかかると匂(にお)いをかげません。 비염에 걸리면 냄새를 맡지 못합니다.
鼻血(はなぢ)が出(で)ています。 코피가 나오고 있습니다.

3학년

歯
이 **치**
12획

음 し
歯科(しか) 치과 歯根(しこん) 치근

훈 は
歯(は) 이 前歯(まえば) 앞니 虫歯(むしば) 충치

歯科医者(しかいしゃ)になりました。 치과 의사가 되었습니다.
前歯(まえば)が折(お)れました。 앞니가 부러졌습니다.

毛

2학년

털 **모**
4획

음 もう

毛布 모포

훈 け

毛 털　毛皮 모피　毛深い 털이 많다

赤ちゃんに毛布を掛けてあげました。 아기에게 담요를 덮어 주었습니다.
西洋人は毛深いです。 서양인은 털이 많습니다.

腹

6학년

배 **복**
13획

음 ふく

異腹 이복　空腹 공복　山腹 산복　腹痛 복통　満腹 배가 부름

훈 はら

腹 배

空腹には薬を飲みません。 공복에는 약을 먹지 않습니다.
腹が減りました。 배가 고픕니다.

腸

4학년

창자 **장**
13획

음 ちょう

大腸 대장　盲腸 맹장

大腸検査は定期的にしてください。 대장 검사는 정기적으로 해 주세요.
盲腸炎で手術をしました。 맹장염으로 수술을 했습니다.

脳

6학년

머릿골 **뇌**
11획

음 のう

頭脳 두뇌　大脳 대뇌　小脳 소뇌

頭脳プレーです。 두뇌 플레이입니다.
小脳の役割は重要です。 소뇌의 역할은 중요합니다.

肺
폐 **폐**
9획
6학년

음 ▶ はい

肺炎 폐염　肺癌 폐암

tip
癌(がん)은 일상 생활에서는 가타카나 ガン으로 많이 표기한다.

肺炎が進むと危ないです。 폐렴이 진행되면 위험합니다.
肺癌手術を受けました。 폐암 수술을 받았습니다.

胸
가슴 **흉**
10획
6학년

음 ▶ きょう

胸囲 가슴둘레　度胸 담력, 배짱

훈 ▶ むね / むな

胸(むね・むな) 가슴

度胸のある男です。 담력 있는 남자입니다.
胸にホクロがあります。 가슴에 점이 있습니다.

首
머리/목 **수**
9획
2학년

음 ▶ しゅ

自首 자수　部首 부수

훈 ▶ くび

首 목　手首 손목　足首 발목

漢字には部首があります。 한자에는 부수가 있습니다.
手首が細いです。 손목이 가늡니다.

面
낯 **면**
9획
3학년

음 ▶ めん

面子 체면　表面 표면

훈 ▶ おも / おもて / つら

面(おも・おもて) 얼굴, 표면　面 낯짝　面白い 재미있다

面子が立たないことです。 체면이 서지 않는 일입니다.
面白すぎて笑いが止まりません。 너무 재미있어서 웃음이 멈추지 않습니다.

背 _{등 배}

6학년

9획

음 はい

違背 위배　背景 배경　背泳 배영

훈 せ / そむく / そむける

背 등, 키　背中 등　背く 등지다　背ける (시선 등을)돌리다

背景を探りました。 배경을 알아보았습니다.
母の背中を叩きました。 어머니 등을 두들겼습니다.

筋 _{힘줄 근}

6학년

12획

음 きん

筋肉 근육　鉄筋 철근　腹筋 복근

훈 すじ

筋 줄기, 줄거리　粗筋 줄거리

運動をして筋肉がつきました。 운동을 해서 근육이 붙었습니다.
映画の粗筋が面白いです。 영화 줄거리가 재미있습니다.

臓 _{오장 장}

6학년

19획

음 ぞう

心臓 심장　内臓 내장

心臓がよくないです。 심장이 좋지 않습니다.
内臓しぼうを減らすことが大事です。

내장 지방을 줄이는 것이 중요합니다.

아래 상자에서 단어가 되는 한자의 짝을 찾아 빈 칸에 써 보세요.

体　管　科
呼　折　己　頭
　　胃　心　筋

1 肉 ☐

2 骨 ☐

3 歯 ☐

4 自 ☐

5 血 ☐

6 ☐ 吸

7 ☐ 臟

8 ☐ 液

9 ☐ 肉

10 ☐ 脳

健	康	頭	痛	肥	満
건강하다 **건**	편안하다 **강**	머리 **두**	아프다 **통**	살찌다 **비**	차다 **만**
移	植	適	応	姿	勢
옮기다 **이**	심다 **식**	알맞다 **적**	응하다 **응**	맵시 **자**	세력 **세**
遠	視	危	険	死	亡
멀다 **원**	보다 **시**	위태롭다 **위**	험하다 **험**	죽다 **사**	잃다 **망**
負	担	困	難	注	射
짊어지다 **부**	메다 **담**	곤하다 **곤**	어렵다 **난**	흐르다 **주**	쏘다 **사**
散	歩				
흩어지다 **산**	걷다 **보**				

健 건강하다 건 11획

4 학년

음 けん

健全 건전　保健所 보건소

훈 すこやか

健やかだ 건강하다

예외 健気 씩씩함

健全な精神は健全な体に宿る。 건전한 정신은 건전한 몸에 깃든다.

いつも健やかな生活をしています。 언제나 건강한 생활을 하고 있습니다.

tip

「けん」으로 발음되고 모양도 비슷한 한자 「建」과 「健」도 함께 알아두자.

康 편안하다 강 11획

4 학년

음 こう

健康 건강　小康状態 소강상태　不健康 건강하지 않음

健康な体です。 건강한 몸입니다.

今はいったん雨が小康状態です。 일단 지금은 비가 소강상태입니다.

頭 머리 두 16획

2 학년

음 とう / ず / と

念頭 염두　頭骨 두골　頭痛 두통　音頭 여러 사람이 노래에 맞춰 춤을 춤, 또는 그 곡

훈 あたま / かしら

頭 머리　頭文字 머리글자, 이니셜

예외 饅頭 찐빵

念頭に置いてください。 염두에 두어 주세요.

頭を使ってください。 머리를 써 주세요.

痛 아프다 통 12획

6 학년

음 つう

胃痛 위통　歯痛 치통　悲痛 비통

훈 いたい / いたむ / いためる

痛い 아프다　痛む 아프다　痛める 다치다

歯痛が酷いです。 치통이 심합니다.

胸が痛いくらい悲しいです。 가슴이 아플 정도로 슬픕니다.

肥

살찌다 **비**
8획

5학년

음 ひ

肥土 비토 肥料 비료

훈 こえる / こやす

肥える 살이 찌다 肥やす 살찌우다

tip
肥ゆる는 肥える의 문어체이다.

肥料の作り方を教えてください。 비료 만드는 법을 알려 주세요.
天高く馬肥ゆる。 하늘이 높고 말이 살찐다. (천고마비)

満

차다 **만**
12획

4학년

음 まん

満足 만족 満期 만기 未満 미만 不満 불만 肥満 비만 満月 보름달

훈 みちる / みたす

満ちる 충만하다 満たす 채우다

これで満足します。 이것으로 만족합니다.
喜びで満ちています。 기쁨으로 충만합니다.

移

옮기다 **이**
11획

5학년

음 い

移動 이동 移民 이민

훈 うつす / うつる

移す 옮기다 移る 이동하다

席を移動してください。 자리를 이동해 주세요.
店を移りました。 가게를 옮겼습니다.

植

심다 **식**
12획

3학년

음 しょく

植樹 식수 植物 식물 移植 이식

훈 うえる / うわる

植える 심다 植木 분재 植わる 심어지다

植物園には珍しい木がたくさんあります。

식물원에는 진귀한 나무가 많이 있습니다.
誕生日のプレゼントに植木をもらいました。 생일 선물로 분재를 받았습니다.

適 알맞다 적 (14획) — 5학년

음 てき

快適 쾌적　適性検査 적성검사　適当 적당

今日は快適な温度です。 오늘은 쾌적한 온도입니다.
適当にしてください。 적당하게 해 주세요.

応 응하다 응 (7획) — 5학년

음 おう

応急 응급　応用 응용　適応 적응　応じる 응하다　応ずる 응하다

예외 相応しい 어울리다

応急処置を行います。 응급 처치를 하겠습니다.
調査に応じてください。 조사에 응해 주세요.

姿 맵시 자 (9획) — 6학년

음 し

容姿 용모　姿態 자태

훈 すがた

姿 모습, 모양

容姿に自信がありません。 용모에 자신이 없습니다.
いい姿を見せてください。 좋은 모습을 보여 주세요.

勢 세력 세 (13획) — 5학년

음 せい

姿勢 자세　情勢 정세　勢力 세력

훈 いきおい

勢い 기세

正しい姿勢を取ってください。 바른 자세를 취하세요.
ものすごい勢いです。 굉장한 기세입니다.

遠
멀다 원
13획

음▶ えん / おん
遠足 소풍　遠距離 원거리　久遠 구원　望遠鏡 망원경

훈▶ とおい
遠い 멀다

天気がいいので遠足に行こうと思います。
날씨가 좋아서 소풍을 갈까 생각합니다.
遠い道を歩きました。 먼 길을 걸었습니다.

視
보다 시
11획

음▶ し
遠視 원시　近視 근시　視力 시력　視聴覚室 시청각실

来週の授業は視聴覚室でやります。
다음 주 수업은 시청각실에서 하겠습니다.
視力が悪いです。 시력이 나쁩니다.

危
위태롭다 위
6획

음▶ き
危機 위기　危害 위해

훈▶ あぶない / あやうい / あやぶむ
危ない 위험하다　危うい 위태롭다　危うく 하마터면　危ぶむ 걱정하다

グループ解散の危機です。 그룹 해체의 위기입니다.
飲酒運転は危ないです。 음주 운전은 위험합니다.

険
험하다 험
15획

음▶ けん
険悪 험악　保険 보험　危険 위험

훈▶ けわしい
険しい 험악하다

健康保険に加入しました。 건강 보험에 가입했습니다.
険しい顔をしています。 험한 얼굴을 하고 있습니다.

死 죽다 사 6획

3학년

음 し
安楽死 안락사　死体 사체　必死 필사

훈 しぬ
死ぬ 죽다

迷子になった息子を必死に探しました。
미아가 된 아들을 필사적으로 찾았습니다.
死ぬことは人の運命です。 죽는 것은 사람의 운명입니다.

亡 잃다 망 3획

6학년

음 ぼう / もう
死亡 사망　亡国 망국　亡命 망명　亡者 망자

훈 ない
亡くなる 죽다

胃癌の死亡率が高くなりました。 위암 사망률이 높아졌습니다.
父は亡くなりました。 아버지는 돌아갔습니다.

負 짊어지다 부 9획

3학년

음 ふ
負傷 부상　勝負 승부　自負 자부

훈 おう / まける / まかす
背負う 짊어지다　負ける 지다　負かす 이기다

負傷者が多く出ました。 부상자가 많이 나왔습니다.
負けるが勝ち。 지는 것이 이기는 것이다.

担 메다 담 8획

6학년

음 たん
担当 담당　担任 담임　負担 부담

훈 かつぐ / になう
担ぐ 메다　担う 짊어지다

英語を担当しています。 영어를 담당하고 있습니다.
国を担う若者です。 나라를 짊어질 젊은이입니다.

困 곤하다 **곤**
7획

6학년

음 ▶ **こん**
貧困 빈곤

훈 ▶ **こまる**
困る 곤란하다

貧困から解放されました。 빈곤으로부터 해방되었습니다.
生活に困っています。 생활에 어려움을 겪고 있습니다.

難 어렵다 **난**
18획

6학년

음 ▶ **なん**
苦難 고난 難関 난관 難民 난민 困難 곤란

훈 ▶ **かたい / むずかしい**
難い 어렵다 難しい 어렵다

tip
동사의 연용형에 결합해 사용할 때에는 「難(かた)い」는 「−がたい」처럼 탁음으로 발음된다. 예를 들면 「言(い)い難(がた)い (말하기 어렵다)」와 같은 형태이다.

呼吸困難の症状が診られます。 호흡 곤란 증상이 보입니다.
少し難しい問題です。 좀 어려운 문제입니다.

注 흐르다 **주**
8획

3학년

음 ▶ **ちゅう**
注意 주의 注文 주문 注油 주유

훈 ▶ **そそぐ**
注ぐ 흘러 들어가다

ご注文ください。 주문해 주세요.
川の水が海に注いで行きます。 강물이 바다로 흘러 들어갑니다.

射 쏘다 **사**
10획

6학년

음 ▶ **しゃ**
射殺 사살 発射 발사 放射 방사 注射 주사

훈 ▶ **いる**
射る (활을)쏘다, (쏘아서)맞추다

子供は注射が嫌いです。 어린 아이는 주사를 싫어합니다.
矢を射ました。 활을 쏘았습니다.

散

흩어지다 **산**

12획

음 さん

^{かいさん}解散 해산 ^{さんぶん}散文 산문 ^{さんざん}散々 몹시 심한

훈 ちる / ちる / ちらす / ちらかす / ちらかる

^ち散る 떨어지다, 흩어지다 ^ち散らす 흩뿌리다 ^ち散らかす 어지르다

^ち散らかる 어지러지다

^{りょこうさき}旅行先で^{さんざん}散々な^め目に^あ遭いました。 여행지에서 심한 일을 겪었습니다.

^は葉っぱが^ち散っています。 낙엽 잎이 떨어지고 있습니다.

歩

걷다 **보**

8획

음 ほ / ふ / ぶ

^{と ほ}徒歩 도보 ^{しん ぽ}進歩 진보 ^{さん ぽ}散歩 산책 ^{ぶ あい}歩合 보합

훈 あるく / あゆむ

^{ある}歩く 걷다 ^{あゆ}歩む 걷다, 나아가다

^{と ほ}徒歩で^{いっぷん}1分です。 도보로 1분입니다.

^{かいしゃ}会社まで^{ある}歩いて^{ご ふん}5分ぐらいかかります。 회사까지 걸어서 5분 정도 걸립니다.

 가장 복잡한 한자 따라 써보기

획순을 보고 따라 써 봅시다.

어렵다 **난**

※한자의 획순은 왼쪽에서 오른쪽으로, 위에서 아래로 쓰는 것을 기본으로 합니다.

정답 p.336

다음 한자의 알맞은 음에 동그라미 해 보세요.

① 散
산 | 보

② 視
시 | 지

③ 康
건 | 강

④ 射
시 | 사

⑤ 姿
자 | 세

⑥ 頭
두 | 수

⑦ 移
이 | 동

⑧ 險
위 | 험

⑨ 危
위 | 험

⑩ 負
패 | 부

観	光	遊	覽	旅	券
보다 **관**	빛나다 **광**	놀다 **유**	보다 **람**	여행하다 **여**	문서 **권**
予	約	準	備	公	園
미리 **예**	대략 **약**	고르다 **준**	갖추다 **비**	공변되다 **공**	동산 **원**
混	雜	写	真	打	球
섞다 **혼**	섞이다 **잡**	베끼다 **사**	참 **진**	치다 **타**	공 **구**
参	加	主	将	弓	矢
뵙다 **참**	더하다 **가**	주인 **주**	장수 **장**	활 **궁**	살 **시**
景	泳	俵	程	技	
경치 **경**	수영하다 **영**	나누어주다 **표**	규정 **정**	재주 **기**	

観 보다 관 (18획)

4학년

음 かん

_{かんさつ}観察 관찰　_{かんそく}観測 관측　_{さんかん}参観 참관

よく観察してください。 잘 관찰해 주세요.
_{かんそく}観測が_{ふ か のう}不可能です。 관측이 불가능합니다.

光 빛나다 광 (6획)

2학년

음 こう

_{かんこう}観光 관광　_{こうえい}光栄 영광

훈 ひかる

_{ひかり}光 빛　_{ひか}光る 빛나다

観光ホテルに_{にゅうしゃ}入社しました。 관광 호텔에 입사했습니다.
_{ほし}星がきれいに_{ひか}光っています。 별이 예쁘게 빛나고 있습니다.

tip
우리말의 '영광'을 일본어는 거꾸로 「光栄(こうえい)광영」이라고 표기한다.

遊 놀다 유 (12획)

3학년

음 ゆう / ゆ

_{ゆうきゃく}遊客 유객　_{ゆうぼくみん}遊牧民 유목민　_{ゆ さん}遊山 유람, 구경

훈 あそぶ

_{あそ}遊ぶ 놀다

_{ゆうぼくみん}遊牧民は_{そうげん}草原で_す住みます。 유목민은 초원에서 삽니다.
_{あそ}遊び_{かた}方を_{おし}教えてください。 놀이 방법을 가르쳐 주세요.

覧 보다 람 (17획)

6학년

음 らん

_{かんらん}観覧 관람　_{ゆうらんせん}遊覧船 유람선

_{み せいねんしゃ}未成年者は_{かんらん ふ か}観覧不可です。 미성년자는 관람 불가입니다.
_{ゆうらんせん}遊覧船に_の乗って_{かんこう}観光しました。 유람선을 타고 관광했습니다.

旅 여행하다 **여**
3학년
10획

음 **りょ**
旅行 여행　旅館 여관　旅程 여정

훈 **たび**
旅 여행　旅人 나그네, 여행자

安い旅館で泊りました。 싼 여관에서 머물렀습니다.
一人で旅に出ようと思います。 혼자서 여행을 갈까 합니다.

券 문서 **권**
5학년
8획

음 **けん**
証券 증권　入場券 입장권　旅券 여권

入場券を買います。 입장권을 삽니다.
旅券をなくさないようにしてください。 여권을 잃어버리지 않도록 해 주세요.

予 미리 **예**
3학년
4획

음 **よ**
予言 예언　予習 예습　予定 예정

훈 **あらかじめ / かねて**
予め 미리, 사전에　予て 전부터

予習は学習能力を高めるためのものです。
예습은 학습 능력을 높이기 위한 것입니다.
予め準備しておきましょう。 사전에 준비해 둡시다.

約 대략 **약**
4학년
9획

음 **やく**
規約 규약　公約 공약　要約 요약　予約 예약

予約のキャンセルはできません。 예약 취소는 불가능합니다.
公約通りの政策を実行してください。 공약대로 정책을 실행해 주세요.

準
고르다 **준**
13획

5학년

음 ▶ **じゅん**
　　水準 수준　標準 표준

知的水準を高めるために努力します。 지적 수준을 높이기 위해 노력합니다.
標準語で言ってください。 표준어로 말해 주세요.

備
갖추다 **비**
12획

5학년

음 ▶ **び**
　　完備 완비　準備 준비　備考 비고

훈 ▶ **そなえる / そなわる**
　　備える 준비하다　備わる 갖춰지다, 구비되다

一切の設備を完備しています。 일체의 설비를 완비했습니다.
完璧に備わっています。 완벽하게 갖춰져 있습니다.

公
공변되다 **공**
4획

2학년

음 ▶ **こう**
　　公演 공연　公共 공공

훈 ▶ **おおやけ**
　　公 조정, 정부, 공공연

公演会場では携帯電話の電源を切ってください。

공연장에서는 휴대전화의 전원을 꺼 주십시오.

公の意味は隠さないで見せることです。

오오야케의 의미는 숨기지 않고 보이는 것입니다.

園
동산 **원**
13획

2학년

음 ▶ **えん**
　　公園 공원　園児 원아

훈 ▶ **その**
　　園 정원, 뜰　花園 화원

子供が公園で遊んでいます。 어린이가 공원에서 놀고 있습니다.
花園で植木を買いました。 화원에서 분재를 샀습니다.

混

5학년

섞다 **혼**
11획

음 こん

こんけつじ
混血児 혼혈아　混同 혼동 (こんどう)

훈 まじる / まざる / まぜる

混じる 섞이다　混ざる 섞이다　混ぜる 섞다

こんけつじ ふ
混血児が増えています。혼혈아가 늘고 있습니다.
こめ まめ ま
米に豆を混ぜました。쌀에 콩을 섞었습니다.

雑

5학년

섞이다 **잡**
14획

음 ざつ / ぞう

こんざつ ざっぴ らんざつ ぞうに
混雑 혼잡　雑費 잡비　乱雑 난잡　雑煮 정월 떡국

ゆうえんち こんざつ
遊園地が混雑しています。유원지가 혼잡합니다.
しょうがつ ぞうに た
正月にはお雑煮を食べます。설날에는 떡국을 먹습니다.

写

3학년

베끼다 **사**
5획

음 しゃ

えいしゃ しゃほん ふくしゃ
映写 영사　写本 사본　複写 복사

훈 うつす / うつる

うつ うつ
写す 복사하다, 베끼다　写る (사진이)찍히다

しゃしん と
写真を撮ってください。사진을 찍어 주세요.
うつ
ノートを写します。노트를 베껴 쓰겠습니다.

真

3학년

참 **진**
10획

음 しん

しゃしん しんじつ しんい しんり
写真 사진　真実 진실　真意 진의　真理 진리

훈 ま

ま まじめ
真 진실　真面目 성실

しんじつ かく
真実を隠さないでください。진실을 숨기지 마세요.
まじめ がくせい
真面目な学生です。성실한 학생입니다.

打 치다 **타** 5획

3학년

음 だ

安打 안타　乱打 난타

훈 うつ

打つ 치다, 때리다, 부딪히다

ボールを強く打って安打になりました。

공을 강하게 쳐서 안타가 되었습니다.

転んで頭を打ちました。 넘어져서 머리를 부딪쳤습니다.

球 공 **구** 11획

3학년

음 きゅう

電球 전구　投球 투구　野球 야구　打球 타구

훈 たま

球 공, 구슬

野球では白いボールを使います。 야구에서는 흰 공을 사용합니다.

速い球を投げる投手です。 빠른 공을 던지는 투수입니다.

参 뵙다 **참** 8획

4학년

음 さん

参考 참고

훈 まいる

参る 가다, 오다(겸양어)

辞書を参考します。 사전을 참고하겠습니다.

日本から参りました。 일본에서 왔습니다.

加 더하다 **가** 5획

4학년

음 か

加算 가산　加入 가입　参加 참가

훈 くわえる / くわわる

加える 더하다　加わる 가담하다

マラソン大会に参加しました。 마라톤 대회에 참가했습니다.

車のスピードを加えて走りました。 자동차 스피드를 더해서 달렸습니다.

主 주인 **주** 5획

음 しゅ / す
くんしゅ しゅじん しゅ ふ
君主 군주　主人 남편, 주인　主婦 주부

훈 ぬし / おも
ぬし おも
主 주인　主に 주로

しゅじん しゅ み
主人の趣味はゴルフです。 남편의 취미는 골프입니다.
ぬし いえ
主のない家です。 주인 없는 집입니다.

将 장수 **장** 10획

음 しょう
しゅしょう しょうぐん しょうこう しょうせい めいしょう
主将 주장　将軍 장군　将校 장교　将星 장성　名将 명장

しゅしょう せきにん
チームの主将は責任があります。 팀의 주장은 책임이 있습니다.
しょうぐん しんきゅう
将軍に進級しました。 장군으로 승진했습니다.

弓 활 **궁** 3획

음 きゅう
きゅうどう ようきゅう
弓道 궁도　洋弓 양궁

훈 ゆみ
ゆみ ゆみなり
弓 활　弓形 활 모양

きゅうどう ぶ はい
弓道部に入りました。 궁도부에 들어갔습니다.
ゆみ い
弓を射ます。 활을 쏩니다.

矢 살 **시** 5획

음 し
いっ し
一矢 화살

훈 や
や ゆみ や
矢 화살　弓矢 화살

いっ し むく
一矢を報います。 화살을 되쏩니다(보복합니다).
や はな
矢を放ちます。 활을 쏩니다.

景

4학년

경치 **경**

12획

음 けい
ぜっけい　こうけい　ふうけい
絶景 절경　光景 광경　風景 풍경

やま　ふうけい　ぜっけい
山の風景が絶景です。 산 풍경이 절경입니다.
かな　　　　こうけい
とても悲しい光景でした。 굉장히 슬픈 광경이었습니다.

泳

3학년

수영하다 **영**

8획

음 えい
すいえい
水泳 수영

훈 およぐ
およ
泳ぐ 수영하다

すいえい　ぜんしんうんどう
水泳は全身運動です。 수영은 전신 운동입니다.
およ
プールで泳いでいます。 풀에서 수영하고 있습니다.

俵

5학년

나누어주다 **표**

10획

음 ひょう
ど ひょう
土俵 씨름판(일본식)

훈 たわら
たわら　　　　　　　　こめだわら
俵 (쌀)섬, 부대　米俵 쌀섬, 쌀 가마니

ど ひょう　うえ　あ
土俵の上に上がりました。 씨름판에 올라갔습니다.
こめだわら　こめ　つ
米俵に米を詰めています。 쌀 가마니에 쌀을 담고 있습니다.

程

5학년

규정 **정**

12획

음 てい
てい ど　　にってい
程度 정도　日程 일정

훈 ほど
ほど　　　　　　ほどほど
程 정도, 한도　程々に 정도껏

てい ど　こ
程度を越えました。 정도를 넘었습니다.
ほどほど
程々にしてください。 정도껏 하세요.

5 학년

技

재주 **기**

7획

음 ▸ **ぎ**

技術 기술　球技 구기

훈 ▸ **わざ**

技 기술, 기량

先端技術を開発しました。 첨단 기술을 개발했습니다.

力より技で負けました。 힘보다 기술로 졌습니다.

 가장 복잡한 한자 따라 써보기

획순을 보고 따라 써 봅시다.

観

보다 **관**

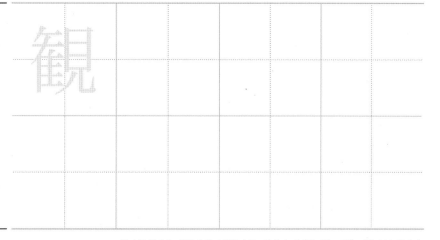

※한자의 획순은 왼쪽에서 오른쪽으로, 위에서 아래로 쓰는 것을 기본으로 합니다.

아래에서 단어가 되는 한자의 짝을 찾아 빈 칸에 써 보세요.

園 予
球
参 旅 写 水
備 雑
光

❶ 打 ☐

❷ 混 ☐

❸ 準 ☐

❹ 観 ☐

❺ 公 ☐

❻ ☐ 加

❼ ☐ 真

❽ ☐ 約

❾ ☐ 券

❿ ☐ 泳

국가와 국민

家	族	親	子	父	母	兄
집 가	겨레 족	친하다 친	아들 자	아비 부	어미 모	형 형
弟	姉	妹	夫	婦	児	童
아우 제	누이 자	누이 매	지아비 부	지어미 부	아이 아	아이 동
養	育	世	界	国	旗	昭
기르다 양	기르다 육	세상 세	경계 계	나라 국	기 기	밝히다 소
和	招	待	神	仏	宗	派
온화하다 화	부르다 초	기다리다 대	귀신 신	부처 불	마루 종	갈래 파
孫	妻	祖	幼	洋	各	周
손자 손	아내 처	할아버지 조	어리다 유	큰 바다 양	각각 각	두루 주
境	王	遺	祭	英		
지경 경	임금 왕	남기다 유	제사 제	빼어나다 영		

家 집가 [10획]
2학년

음 か / け
家門 가문　家事 집안일　山田家 야마다씨 집안

훈 いえ / や
家 집　家出 가출　家賃 집세

家事をする時間がありません。 집안일을 할 시간이 없습니다.
家を買いたいです。 집을 사고 싶습니다.

族 겨레 족 [11획]
3학년

음 ぞく
貴族 귀족　親族 친족　民族 민족　家族 가족

훈 やから
族 무리, 일족

家族と一緒に住んでいます。 가족과 함께 살고 있습니다.
そんな族とは関わらないほうがいいです。

그런 무리들과는 관계하지 않는 것이 좋습니다.

親 친하다 친 [16획]
2학년

음 しん
親近感 친근감

훈 おや / したしい / したしむ
親 부모　親しい 친하다　親しむ 친근하다

彼女に親近感がわいてきました。 그녀에게 친근감이 생기기 시작했습니다.
親孝行してください。 효도 해 주세요.

子 아들 자 [3획]
1학년

음 し / す
子女 자녀　様子 상황, 기미

훈 こ
子 자식　息子 아들　親子 부모 자식　子供 아이, 어린이

戸惑っている様子です。 당황하고 있는 모양입니다.
子供の日は５月５日です。 어린이날은 5월 5일입니다.

父母 | 兄弟

父

아비 **부**
4획

2학년

음 ふ
父母 부모

훈 ちち　父 아버지　父親 부친, 아버지

예외 お父さん 아버지

学校で父母会があります。 학교에서 학부모회가 있습니다.
父と母は幸せです。 아버지와 어머니는 행복합니다.

母

어미 **모**
5획

2학년

음 ぼ
保母 보모　老母 노모　母国 모국　母子 모자

훈 はは　母 엄마

예외 お母さん 어머니　母屋 안채

仕事は保育園の保母です。 직업은 보육원의 보모입니다.
母は専業主婦です。 어머니는 전업주부입니다.

兄

형 **형**
5획

2학년

음 けい / きょう
学兄 학형　兄弟 형제　父兄 학부형

훈 あに
兄 형　兄嫁 형수

예외 お兄さん 형, 오빠

兄弟は何人ですか。 형제는 몇 명입니까?
兄が二人います。 형(오빠)이 두 명 있습니다.

弟

아우 **제**
7획

2학년

음 てい / だい / で
師弟 사제　兄弟 형제　弟子 제자

훈 おとうと
弟 동생

私の弟子が先生になりました。 내 제자가 선생님이 되었습니다.
来年、弟が結婚します。 내년에 남동생이 결혼합니다.

姉

누이 **자**
8획
2학년

음 し
姉妹 자매

훈 あね
姉 누이, 언니

예외 お姉さん 언니, 누나

日本の大学と姉妹関係を結びました。 일본 대학과 자매관계를 맺었습니다.
姉と兄は結婚しました。 언니(누나)와 오빠(형)는 결혼했습니다.

妹

누이 **매**
8획
2학년

음 まい
姉妹 자매 義妹 의매

훈 いもうと
妹 여동생

姉妹同士で仲がいいです。 자매끼리 사이가 좋습니다.
妹は高校生です。 여동생은 고등학생입니다.

夫

지아비 **부**
4획
4학년

음 ふ / ふう
夫人 부인(타인의 아내) 夫婦 부부

훈 おっと
夫 남편

社長の夫人とばったり会いました。

사장님의 부인과 우연히 딱 마주쳤습니다.
夫は会社員です。 남편은 회사원입니다.

婦

지어미 **부**
11획
5학년

음 ふ
家政婦 가정부 婦人 부인

家政婦のバイトをしています。 가정부 아르바이트를 하고 있습니다.
婦人会で遠足に行きます。 부인회에서 소풍 갑니다.

児

4학년

아이 **아**
7획

음 じ / に

こううんじ
幸運児 행운아　幼児 유아　小児 소아

こども　かぜ　ひ　しょうにか　い
子供が風邪を引いて小児科に行きました。

아이가 감기에 걸려서 소아과에 갔습니다.

かのじょ　せんこう　ようじがく
彼女の専攻は幼児学です。　그녀의 전공은 유아학입니다.

童

3학년

아이 **동**
12획

음 どう

じ どう　　どうしん
児童 아동　童心 동심

훈 わらべ

わらべ
童 동자

どうしん　かえ　うた
童心に帰って歌います。　동심으로 돌아가서 노래합니다.

いなか　わらべ
田舎の童。　시골 어린애

養

4학년

기르다 **양**
15획

음 よう

きょうよう　しゅうよう　ようせい
教養 교양　修養 수양　養成 양성

훈 やしなう

やしな
養う 부양하다

じんざい　ようせい
人材を養成しています。　인재를 양성하고 있습니다.

か ぞく　やしな
家族を養っています。　가족을 부양하고 있습니다.

育

3학년

기르다 **육**
8획

음 いく

いくせい　きょういく　よういく
育成 육성　教育 교육　養育 양육

훈 そだつ / そだてる

そだ　　　　　　　　　　そだ
育つ 자라다, 성장하다　育てる 육성하다

きょういく　くに　ざいさん
教育は国の財産です。　교육은 나라의 재산입니다.

こ ども　そだ　かた　なら
子供の育て方を習っています。　아이 기르는 법을 배우고 있습니다.

世

3학년

음 せい / せ
近世 근세　出世 출세

훈 よ
世 세상　世の中 세상

세상 **세**
5획

もっと出世したいです。 더욱 출세하고 싶습니다.
世の中に簡単にできることはありません。
세상에 간단히 할 수 있는 일은 없습니다.

界

3학년

음 かい
境界 경계　業界 업계　世界 세계

경계 **계**
9획

業界でトップです。 업계에서 탑입니다.
世界の食糧問題について考えるべきです。
세계 식량 문제에 대해 생각해 봐야만 합니다.

国

2학년

음 こく
国内 국내　国家 국가

훈 くに
国 나라, 고향　雪国 설국

나라 **국**
8획

国内で旅行をしました。 국내에서 여행을 했습니다.
お国はどこですか。 고향은 어디입니까?

旗

4학년

음 き
旗手 기수　校旗 교기　国旗 국기

훈 はた
旗 깃발

기 **기**
14획

校旗の旗手をしています。 교기 기수를 하고 있습니다.
旗を掲げました。 깃발을 내걸었습니다.

昭
밝히다 **소**
9획
3학년

음 ▶ しょう
昭和 쇼와

tip
昭和는 일본의 연호로 19
26년 2월부터 1989년 1월
사이를 말한다. 예문의 쇼
와 36년이란 1926년부터
36년째인 1961을 뜻한
다.

彼は昭和３６年生まれです。 그는 쇼와 36년생입니다.
日本の昭和時代は経済好調期です。 일본의 쇼와 시대는 경제 호조기입니다.

和
온화하다 **화**
8획
3학년

음 ▶ わ / お
温和 온화 和解 화해

훈 ▶ やわらぐ / やわらげる / なごむ / なごやか
和らぐ 누그러지다 和らげる 완화하다 和む 누그러지다
和やか 부드러운

和解の関係を維持しています。 화해 관계를 유지하고 있습니다.
寒波の寒さが和らぎました。 한파 추위가 누그러졌습니다.

招
부르다 **초**
8획
5학년

음 ▶ しょう
招待 초대

훈 ▶ まねく
招く 부르다, 초래하다

招待状を送ってください。 초대장을 보내 주세요.
悪い影響を招きました。 나쁜 영향을 초래했습니다.

待
기다리다 **대**
9획
3학년

음 ▶ たい
期待 기대 待機 대기

훈 ▶ まつ
待つ 기다리다

期待に応えられるよう頑張ります。 기대에 응할 수 있도록 열심히 하겠습니다.
ちょっと待ってください。 잠시 기다려 주세요.

3학년

神
귀신 **신**
9획

음 しん / じん

<ruby>神経<rt>しんけい</rt></ruby> 신경　<ruby>精神<rt>せいしん</rt></ruby> 정신　<ruby>神社<rt>じんじゃ</rt></ruby> 신사

훈 かみ / かん / こう

<ruby>神<rt>かみ</rt></ruby> 신　<ruby>神主<rt>かんぬし</rt></ruby>신사의 신관　<ruby>神々<rt>こうごう</rt></ruby>しい 숭고하다
<ruby>神田<rt>かんだ</rt></ruby> 칸다(지명)　<ruby>神戸<rt>こうべ</rt></ruby> 코베(지명)

<ruby>精神力<rt>せいしんりょく</rt></ruby>が<ruby>弱<rt>よわ</rt></ruby>くなりました。 정신력이 약해졌습니다.
お<ruby>客様<rt>きゃくさま</rt></ruby>は<ruby>神様<rt>かみさま</rt></ruby>です。 손님은 신(왕)이다.

tip
우리 말의 '손님은 왕(王)이다.'는 일본어로 '손님은 신(神様)이다.'라고 표현한다.

5학년

仏
부처 **불**
4획

음 ぶつ

<ruby>神仏<rt>しんぶつ</rt></ruby> 신불　<ruby>仏教<rt>ぶっきょう</rt></ruby> 불교

훈 ほとけ

<ruby>仏<rt>ほとけ</rt></ruby> 부처

<ruby>宗教<rt>しゅうきょう</rt></ruby>は<ruby>仏教<rt>ぶっきょう</rt></ruby>です。 종교는 불교입니다.
<ruby>仏<rt>ほとけ</rt></ruby>の<ruby>前<rt>まえ</rt></ruby>で<ruby>祈<rt>いの</rt></ruby>っています。 부처 앞에서 기도하고 있습니다.

6학년

宗
마루 **종**
8획

음 しゅう / そう

<ruby>宗教<rt>しゅうきょう</rt></ruby> 종교　<ruby>宗家<rt>そうけ</rt></ruby> 종가

훈 むね

<ruby>宗<rt>むね</rt></ruby> 제일로 하는 것

<ruby>宗教活動<rt>しゅうきょうかつどう</rt></ruby>はしていません。 종교 활동은 하지 않습니다.
<ruby>節約<rt>せつやく</rt></ruby>を<ruby>宗<rt>むね</rt></ruby>としています。 절약을 제일로 여기고 있습니다.

6학년

派
갈래 **파**
9획

음 は

<ruby>特派員<rt>とくはいん</rt></ruby> 특파원　<ruby>派兵<rt>はへい</rt></ruby> 파병　<ruby>宗派<rt>しゅうは</rt></ruby> 종파

<ruby>特派員<rt>とくはいん</rt></ruby>として<ruby>派遣<rt>はけん</rt></ruby>されました。 특파원으로서 파견되었습니다.
<ruby>派兵<rt>はへい</rt></ruby>された<ruby>将兵達<rt>しょうへいたち</rt></ruby>が<ruby>帰国<rt>きこく</rt></ruby>しました。 파병되었던 장병들이 귀국했습니다.

孫

4학년

손자 **손**

10획

음 ▶ **そん**

王_{おう}孫_{そん} 왕손　子_し孫_{そん} 자손

훈 ▶ **まご**

孫_{まご} 손주

子_し孫_{そん}が栄_{さか}えました。 자손이 번성했습니다.

孫_{まご}ができました。 손주가 생겼습니다.

妻

5학년

아내 **처**

8획

음 ▶ **さい**

妻_{さい}子_し 처자　夫_ふ妻_{さい} 부부

훈 ▶ **つま**

妻_{つま} 아내

妻_{さい}子_しを養_{やしな}っています。 처자를 부양하고 있습니다.

妻_{つま}は仕_し事_{ごと}をしています。 처는 일을 하고 있습니다.

tip

우리말의 '아내'라는 의미의 일본어는 「妻(つま)처」와 「家内(かない)아내」가 있다.

祖

5학년

할아버지 **조**

9획

음 ▶ **そ**

祖_そ国_{こく} 조국　祖_そ先_{せん} 조상　祖_そ父_ふ 조부

韓_{かん}国_{こく}は私_{わたし}の祖_そ国_{こく}です。 한국은 나의 조국입니다.

祖_そ父_ふは亡_なくなりました。 할아버지는 돌아가셨습니다.

幼

6학년

어리다 **유**

5획

음 ▶ **よう**

幼_{よう}少_{しょう}年_{ねん} 유소년　幼_{よう}稚_ち園_{えん} 유치원

훈 ▶ **おさない**

幼_{おさな}い 어리다

幼_{よう}稚_ち園_{えん}で教_{おし}えています。 유치원에서 가르치고 있습니다.

幼_{おさな}い時_{とき}に日_に本_{ほん}へ行_いきました。 어릴 때에 일본에 갔습니다.

洋

3학년

큰 바다 **양**

9획

음 よう
大西洋 대서양 太平洋 태평양 洋式 양식 洋食 양식(음식 종류)

子供の頃から洋食が好きでした。 어릴 때부터 양식을 좋아했습니다.
太平洋の水平線がきれいです。 태평양의 수평선이 아름답습니다.

各

4학년

각각 **각**

6획

음 かく
各地 각지 各国 각국

훈 おのおの
各々 각각

各地を歩きまわりました。 각지를 걸어 돌아다녔습니다.
各々の色が似合います。 각각의 색이 어울립니다.

周

4학년

두루 **주**

8획

음 しゅう
周囲 주위 周知 주지

훈 まわり
周り 주위

周知の通りです。 주지하는 바와 같습니다.
家の周りは山です。 집 주위는 산입니다.

境

5학년

지경 **경**

14획

음 きょう / けい
国境 국경 心境 심경

훈 さかい
境 경계

国境を越えました。 국경을 넘었습니다.
生死の境に立っています。 생사의 경계에 서있습니다.

王

1학년

임금 **왕**

4획

음▶ **おう**

王様 임금님　国王 국왕　王族 왕족

この国は王様の国です。 이 나라는 임금님의 나라입니다.
国王の一言は絶対的す。 국왕의 한 마디는 절대적입니다.

遺

6학년

남기다 **유**

15획

음▶ **い / ゆい**

遺産 유산　遺族 유족　遺言 유언

仲よく遺産を分配しました。 사이좋게 유산을 분배했습니다.
遺族の方々に申し訳ないと思っております。 유족 여러분께 죄송하다고 생각하고 있습니다.

祭

3학년

제사 **제**

11획

음▶ **さい**

祭日 축일　前夜祭 전야제

훈▶ **まつる / まつり**

祭る 제사 지내다　祭 축제

祭日に学校は休みます。 축일에 학교는 쉽니다.
夏には祭が盛んです。 여름에는 축제가 성행합니다.

英

4학년

빼어나다 **영**

8획

음▶ **えい**

英語 영어　英国 영국　英才 영재

英語ができる人は成功します。 영어를 할 줄 아는 사람은 성공합니다.
英才教育は国家主導です。 영재 교육은 국가 주도입니다.

다음 한자의 알맞은 음에 동그라미 해 보세요.

❶ 母
부 모

❷ 兄
형 제

❸ 養
양 육

❹ 界
세 계

❺ 待
초 대

❻ 孫
손 존

❼ 妻
부 처

❽ 神
신 불

❾ 遺
유 귀

❿ 英
영 화

교통

交	通	運	航	汽	笛
사귀다/섞이다 **교**	통하다 **통**	나르다 **운**	배 **항**	김 **기**	피리 **적**
灯	台	電	車	故	障
등잔 **등**	높은 곳 받침 **대**	전기 **전**	수레 **차**	옛날 **고**	막다 **장**
乗	客	鉄	道	線	路
타다 **승**	손님 **객**	쇠 **철**	길 **도**	실 **선**	길 **로**
改	札	発	着	船	港
고치다 **개**	패 **찰**	발하다 **발**	입다 **착**	배 **선**	항구 **항**
駅	両	輪	転		
역말 **역**	두 **량**	바퀴 **륜**	구르다 **전**		

2학년

交

사귀다/섞이다 **교**
6획

음 こう

交差点 교차로 外交 외교 交友 교우

훈 かう / かわす / まざる / まじえる / まじる / まじわる / まぜる

行き交う 왕래하다 交わす 주고받다 交ざる 섞이다 交える 섞다

交じる 섞이다 交わる 교차하다 交ぜる 섞다

次の交差点で右に曲がってください。 다음 교차로에서 우회전해 주세요.

お互いに挨拶を交わします。 서로 인사를 나눕니다.

2학년

通

통하다 **통**
10획

음 つう

開通 개통 通学 통학 通信 통신 通報 통보 交通 교통

훈 とおる / とおす / かよう

通る 지나다 通り道 지나는 길 通す 통과시키다 通う 다니다

トンネルを開通しました。 터널을 개통했습니다.

信号を通って車を止めてください。 신호등을 지나서 차를 세워 주세요.

3학년

運

나르다 **운**
12획

음 うん

運営 운영 運転 운전 運送 운송

훈 はこぶ

運ぶ 나르다

乱暴な運転です。 난폭한 운전입니다.

荷物を運んでください。 짐을 운반해 주세요.

4학년

航

배 **항**
10획

음 こう

運航 운항 航海 항해 航路 항로 密航 밀항

航路を変えました。 항로를 바꾸었습니다.

台風で運航しません。 태풍으로 운항하지 않습니다.

2학년

汽

김 **기**
7획

음▶ **き**
汽車 기차　汽船 기선

汽車に乗って大陸を走ります。 기차를 타고 대륙을 달립니다.
汽船が汽笛を鳴らしました。 기선이 기적을 울렸습니다.

3학년

笛

피리 **적**
11획

음▶ **てき**
汽笛 기적　警笛 경적

훈▶ **ふえ**
笛 피리　口笛 휘파람

警笛の音が聞こえました。 경적 소리가 들렸습니다.
口笛でアリランが吹けます。 휘파람으로 아리랑을 불 수 있습니다.

4학년

灯

등잔 **등**
6획

음▶ **とう**
電灯 전등　灯火(とうか・ともしび)등불

훈▶ **ひ**
灯 불, 등불

예외▶ **ちょうちん**
提灯 초롱불

風前の灯火。 풍전등화
灯をともそう。 불을 밝히자.

2학년

台

높은 곳 받침 **대**
5획

음▶ **だい / たい**
灯台 등대　天文台 천문대　台風 태풍

灯台の光が光っています。 등대 빛이 반짝이고 있습니다.
台風が近づいています。 태풍이 다가오고 있습니다.

電

2학년 · 전기 **전** · 13획

음 でん
停電 정전　電圧 전압　電流 전류

雷で停電されました。 천둥번개로 정전되었습니다.
小型電圧計が買いたいです。 소형 전압계를 사고 싶습니다.

車

1학년 · 수레 **차** · 7획

음 しゃ
自動車 자동차　電車 전철

훈 くるま
車 자동차　車椅子 휠체어

電車で通学しています。 전철로 통학하고 있습니다.
車で学校へ行きました。 차로 학교에 갔습니다.

故

5학년 · 옛날 **고** · 9획

음 こ
故事成語 고사성어　事故 사고

훈 ゆえ
故 까닭

交通事故に遭いました。 교통사고를 당했습니다.
故あって付き合っていた彼女と別れました。

사정이 있어서 사귀던 여자친구와 헤어졌습니다.

障

6학년 · 막다 **장** · 14획

음 しょう
障子 장지　故障 고장　支障 지장

훈 さわる
障る 방해가 되다, 지장이 있다

故障した車を修理しました。 고장 난 차를 수리했습니다.
夜更かしの勉強は体に障ります。 밤샘 공부는 몸에 지장이 있습니다.

乗
타다 **승**
9획
3학년

음 **じょう**
乗車 승차　搭乗 탑승

훈 **のる / のせる**
乗る 타다　乗せる 싣다

ご乗車ありがとうございました。 승차해 주셔서 감사합니다.
次の駅で乗り換えてください。 다음 역에서 갈아타세요.

客
손님 **객**
9획
3학년

음 **きゃく / かく**
観客 관객　客席 객석　乗客 승객　客地 객지

客席が満席です。 객석이 만석입니다.
観客の反応がすごいです。 관객의 반응이 굉장합니다.

鉄
쇠 **철**
13획
3학년

음 **てつ**
鉄 철　国鉄 국철　私鉄 사철　鉄鋼 철광

くぎは鉄でできています。 못은 철로 만들어져 있습니다.
国鉄と私鉄は料金の差があります。

국철과 사철은 요금의 차이가 있습니다.

道
길 **도**
12획
2학년

음 **どう / とう**
柔道 유도　鉄道 철도　報道 보도　神道 일본 전통 신앙

훈 **みち**
道 길

柔道は韓国が強いです。 유도는 한국이 강합니다.
道を迷っています。 길을 잃고 있습니다.

線 실 선
2학년 | 15획

음 せん

実線 실선 水平線 수평선 断線 단선 電線 전선 点線 점선

実線を引いてください。 실선을 그어 주세요.

赤い電線を切ってください。 빨간색 전선을 끊어 주세요.

路 길 로
3학년 | 13획

음 ろ

活路 활로 道路 도로 線路 선로 路上 노상 路線 노선

車が道路を走っています。 자동차가 도로를 달리고 있습니다.

路線バスに乗って行きました。 노선버스를 타고 갔습니다.

改 고치다 개
4학년 | 7획

음 かい

改札口 개찰구 改善 개선

훈 あらためる / あらたまる

改める 고치다, 개선하다 改まる 개선되다

東京駅の改札口は何ヵ所ありますか。

도쿄역의 개찰구는 몇 군데 있습니까?

教育環境を改めました。 교육 환경을 개선했습니다.

札 패 찰
4학년 | 5획

음 さつ

書札 서찰 落札 낙찰 表札 표찰 改札 개찰

훈 ふだ

名札 명찰, 표, 팻말

競売で落札されました。 경매에서 낙찰되었습니다.

名札をつけてください。 명찰을 달아 주세요.

発

3학년

발하다 발
9획

음 はつ / ほつ
しゅっぱつ　　はってん　　はっしゃ　　ほっ さ
出発 출발　発展 발전　発車 발차　発作 발작

훈 たつ
た
発つ 출발하다, 떠나다

しゅっぱつ
出発してください。 출발해 주세요.

はってん
まぶしい発展をしました。 눈부신 발전을 했습니다.

着

3학년

입다 착
12획

음 ちゃく / じゃく
あいちゃく　　ていちゃく　　ふ ちゃく　　はっちゃく
愛着 애착　定着 정착　付着 부착　発着 발착

훈 きる / きせる / つく / つける
き　　　　　き　　　　　　つ　　　　　つ
着る 입다　着せる 입히다　着く 도착하다　着ける 붙이다, 앉히다

に ほん　　　 き こく　　　　　　　　　　　　ていちゃく
日本から帰国してソウルに定着しました。

일본에서 귀국해 서울에서 정착했습니다.

つ
ターミナルに着きました。 터미널에 도착했습니다.

船

2학년

배 선
11획

음 せん
ぎょせん
漁船 어선

훈 ふね / ふな
ふなびん
船(ふね・ふな) 배　船便 선편

ちい　　 ぎょせん　 の
小さい漁船に乗ってつりをします。 작은 어선을 타고 낚시를 합니다.
ふね　うみ　うご
船は海で動きます。 배는 바다에서 움직입니다.

港

3학년

항구 항
12획

음 こう
くうこう
空港 공항

훈 みなと
みなと
港 항구

かのじょ　　　　 くうこう　 で あ
彼女とは空港で出会いました。 그녀와는 공항에서 만났습니다.
ゆうらんせん　 みなと　 はい
遊覧船が港に入ります。 유람선이 항구로 들어갑니다.

駅

3学년

역말 **역**
14획

음 ▶ **えき**

駅前 역앞　駅員 역무원　駅舎 역사　駅伝 역전 경주

駅員に切符を出してください。 역무원에게 표를 내 주세요.
駅伝マラソン大会が始まりました。 역전 마라톤 대회가 시작되었습니다.

両

3학년

두 **량**
6획

음 ▶ **りょう**

車両 차량　両替 환전　両親 양친

両替してください。 환전해 주세요.
両親は健康です。 양친은 건강합니다.

輪

4학년

바퀴 **륜**
16획

음 ▶ **りん**

車輪 차륜, 수레바퀴　輪番 윤번(돌아가면서 차례로 맡음)

훈 ▶ **わ**

指輪 반지　輪切り 원통형의 물건을 단면이 둥글게 썲

学校では輪番で掃除をしています。 학교에서는 윤번으로 청소를 하고 있습니다.
大根を輪切りにしてください。 무를 둥글게 썰어 주세요.

転

3학년

구르다 **전**
11획

음 ▶ **てん**

移転 이전　自転車 자전거

훈 ▶ **ころがる / ころげる / ころがす / ころぶ**

転がる 구르다　転げる 넘어지다　転がす 굴리다　転ぶ 넘어지다

住所移転の申告をしてください。 주소 이전 신고를 해 주세요.
坂道で転がりました。 언덕길에서 굴렀습니다.

남는 한자가 없도록 단어가 되는 한자를 짝지어 이어보세요.

① 線 ·

② 発 ·

③ 改 ·

④ 鉄 ·

⑤ 電 ·

⑥ 交 ·

⑦ 乗 ·

⑧ 運 ·

⑨ 灯 ·

⑩ 故 ·

· 着

· 路

· 道

· 札

· 流

· 台

· 通

· 障

· 客

· 行

예술

音	楽	演	奏	歌	詞	編
소리 음	즐기다 락	행하다 연	아뢰다 주	노래 가	말 사	엮다 편
曲	詩	集	美	術	展	示
굽다 곡	시 시	모으다 집	아름답다 미	꾀 술	펴다 전	보이다 시
映	画	絶	版	誤	訳	批
비추다 영	그림 화/가르다 획	끊다 절	판목 판	잘못하다 오	통변하다 역	치다 비
評	朗	読	声	唱	芸	誌
평하다 평	밝다 랑	읽다 독	소리 성	노래 창	재주 예	적다 지
色	白	黒	赤	青	緑	黄
빛 색	흰/아뢰다 백	검다 흑	붉다 적	푸르다 청	초록빛 록	누르다 황
仮	絵					
가짜 가	그림 회					

1학년

音
소리 음
9획

음▶ おん / いん
福音 복음　音声 음성　音読み 음독

훈▶ おと / ね
音(おと・ね) 소리　音色 음색

音声メッセージで知らせます。음성 메시지로 알리겠습니다.
音を出さないでください。소리를 내지 마세요.

2학년

楽
즐기다 락
13획

음▶ らく / がく
楽園 낙원　楽天家 낙천가　音楽 음악

훈▶ たのしむ / たのしい
楽しむ 즐기다　楽しい 즐겁다

音楽が好きです。음악을 좋아합니다.
ゆっくり楽しんでください。천천히 즐기세요.

5학년

演
행하다 연
14획

음▶ えん
演出 연출　演説 연설　講演 강연　出演 출연

街頭演説をしました。가두 연설을 했습니다.
講演の準備で多忙です。강연 준비로 매우 바쁩니다.

6학년

奏
아뢰다 주
9획

음▶ そう
奏楽 주악　演奏 연주

훈▶ かなでる
奏でる 연주하다

ギターの演奏をしています。기타 연주를 하고 있습니다.
ベートーベンの運命を奏でました。베토벤의 운명을 연주했습니다.

歌

노래 **가**

14획

2학년

음 ▶ **か**

歌手 가수　歌唱力 가창력

훈 ▶ **うた / うたう**

歌 노래　歌う 노래하다

韓国を代表する歌手になりたいです。

한국을 대표하는 가수가 되고 싶습니다.

日本の歌が好きです。 일본 노래를 좋아합니다.

詞

말 **사**

12획

6학년

음 ▶ **し**

形容詞 형용사　助詞 조사　動詞 동사　副詞 부사　品詞 품사

名詞 명사　歌詞 가사

日本語は動詞が重要です。 일본어는 동사가 중요합니다.

品詞を日本語で覚えましょう。 품사를 일본어로 기억합시다.

編

엮다 **편**

15획

5학년

음 ▶ **へん**

編集 편집　編入 편입

훈 ▶ **あむ**

編む 뜨다, 엮다, 편찬하다

編入試験を準備しています。 편입 시험을 준비하고 있습니다.

彼氏にやるセーターを編んでいます。 남자 친구에게 줄 스웨터를 짜고 있습니다.

曲

굽다 **곡**

6획

3학년

음 ▶ **きょく**

歌曲 가곡　曲芸 곡예　曲線 곡선　編曲 편곡

훈 ▶ **まがる / まげる**

曲がる 구부러지다　曲げる 구부리다

예외 ▶ 曲者 수상한 사람

曲線を描いてください。 곡선을 그려 주세요.

くぎが曲がっています。 못이 구부러져 있습니다.

3학년

詩
시 **시**
13획

음 し

漢詩 한시　詩人 시인　詩集 시집

漢詩の読み方を学んでください。 한시 읽는 법을 배우세요.
友達の詩人に詩集をもらいました。 시인인 친구에게 시집을 받았습니다.

3학년

集
모으다 **집**
12획

음 しゅう

収集 수집　集会 집회　集中 집중　全集 전집

훈 あつまる / あつめる / つどう

集まる 모이다　集める 모으다　集う 회합하다

集中力が落ちました。 집중력이 떨어졌습니다.
古本を集めています。 헌책을 모으고 있습니다.

3학년

美
아름답다 **미**
9획

음 び

美化 미화　美人 미인　美談 미담　美白 미백

훈 うつくしい

美しい 아름답다

예외 美味しい 맛있다

美人の心は美しいです。 미인의 마음은 아름답습니다.
世界でもっとも美しいと思います。 세상에서 가장 아름답다고 생각합니다.

5학년

術
꾀 **술**
11획

음 じゅつ

芸術 예술　美術 미술

芸術的な感覚が優れています。 예술적인 감각이 뛰어납니다.
彼女は東洋美術が専攻です。 그녀는 동양 미술이 전공입니다.

展 펴다 전 10획

음 てん

てんらんかい
展覧会 전람회　展望 전망

ゴッホの特別展覧会がありました。 고흐의 특별 전람회가 있었습니다.
東京タワーの展望台に行きました。 도쿄타워 전망대에 갔습니다.

示 보이다 시 5획

음 じ / し

指示 지시　提示 제시　展示会 전시회　示唆 시사

훈 しめす

示す 보이다, 나타내다

写真展示会が開かれました。 사진 전시회가 열렸습니다.
関心を示しています。 관심을 나타내고 있습니다.

映 비추다 영 9획

음 えい

上映 상영　反映 반영

훈 うつる / うつす / はえる

映る 비치다, 상영하다, 반영하다　映す 비추다　映える 돋보이다

ただ今上映中です。 지금 상영 중입니다.
テレビがよく映っています。 텔레비전이 잘 나오고 있습니다.

画 그림 화 / 가르다 획 8획

음 が / かく

画家 화가　映画 영화　計画 계획

彼は有名な画家です。 그는 유명한 화가입니다.
日本の映画を見ました。 일본 영화를 보았습니다.

絶

5학년

끊다 **절**
12획

음 ぜつ

絶望 절망　絶好 절호　絶交 절교　絶対 절대

훈 たえる / たやす / たつ

絶える 끊어지다　絶やす 없애다　絶つ 끊다

絶好のチャンスです。 절호의 찬스입니다.
絶えない努力でいい結果を出しました。

끊임 없는 노력으로 좋은 결과를 냈습니다.

版

5학년

판목 **판**
8획

음 はん

出版 출판　絶版 절판

出版社で編集をしています。 출판사에서 편집을 하고 있습니다.
この本は絶版になりました。 이 책은 절판되었습니다.

誤

6학년

잘못하다 **오**
14획

음 ご

過誤 과오　誤解 오해

훈 あやまる

誤る 실패하다, 그르치다　誤り 과실, 과오

誤解しないでください。 오해하지 마세요.
どこで道を誤ったか分かりません。

어디에서 길을 잘못 들었는지 모르겠습니다.

訳

6학년

통변하다 **역**
11획

음 やく

意訳 의역　誤訳 오역　通訳 통역

훈 わけ

訳 의미, 이유, 사리

通訳の仕事をしています。 통역 일을 하고 있습니다.
訳が分かりません。 이유를 모르겠습니다.

批

치다 **비**
7획

6학년

음 ひ

批判 비판　批難 비난

彼の態度は批難を受けました。 그의 태도는 비난을 받았습니다.
批判を浴びています。 비판을 받고 있습니다.

評

평하다 **평**
12획

5학년

음 ひょう

好評 호평　批評 비평　評価 평가　評論 평론

映画祭が好評で終りました。 영화제가 호평으로 끝났습니다.
彼は映画の評論家として活動しています。

그는 영화 평론가로서 활동하고 있습니다.

朗

밝다 **랑**
10획

6학년

음 ろう

晴朗 청랑　明朗 명랑　朗々 낭랑

훈 ほがらか

朗らかだ 명랑하다

彼女は朗々と歌い出しました。 그녀는 낭랑하게 노래하기 시작했습니다.
朗らかな性格の持主です。 명랑한 성격의 소유자입니다.

読

읽다 **독**
14획

2학년

음 どく / とく / とう

読書 독서　朗読 낭독　読点 쉼표

훈 よむ

読む 읽다

読書が趣味です。 독서가 취미입니다.
新聞を読んでいます。 신문을 읽고 있습니다.

2학년

声

소리 **성**

7획

음 ▶ せい / しょう

声楽 성악　声優 성우　発声 발성　名声 명성

훈 ▶ こえ / こわ

声 소리　声色 목소리, 음색

発声練習を始めます。 발성 연습을 시작하겠습니다.
声を大きくしてください。 소리를 크게 해 주세요.

4학년

唱

노래 **창**

11획

음 ▶ しょう

合唱 합창　主唱 주창　提唱 제창　独唱 독창

훈 ▶ となえる

唱える 외치다, 주창하다

独唱で舞台に立ちました。 독창으로 무대에 섰습니다.
みんなが反対を唱えました。 모두가 반대를 주장했습니다.

4학년

芸

재주 **예**

7획

음 ▶ げい

園芸 원예　演芸 연예　学芸 학예　芸能界 연예계

彼女は園芸を専攻しました。 그녀는 원예를 전공했습니다.
芸能界にデビューしました。 연예계에 데뷔했습니다.

6학년

誌

적다 **지**

14획

음 ▶ し

雑誌 잡지　週刊誌 주간지　日誌 일지

雑誌が創刊されました。 잡지가 창간되었습니다.
読売新聞は日刊紙です。 요미우리 신문은 일간지입니다.

tip
'주간지'에서는 「週刊誌(しゅうかんし)」로 표기하지만 '일간지'에서는 「日刊紙(にっかんし)」로 표기한다.

色

2학년

음 しょく / しき

好色 호색　景色 경치　色弱 색약

훈 いろ

色 색

海の景色がいいです。 바다 경치가 좋습니다.

黒い色は暗くて嫌いです。 검은 색은 어두워서 싫습니다.

빛 **색**　6획

白

1학년

음 はく / びゃく

白紙 백지　告白 고백　自白 자백　白蓮 흰 연꽃

훈 しろ / しら / しろい

白 흰색　白い 희다　白糸 흰 실

예외 白湯 한 번 끓여서 식힌 물

白紙に戻りました。 백지로 돌아갔습니다.

白い花が咲いています。 흰 꽃이 피어 있습니다.

흰/아뢰다 **백**　5획

黒

2학년

음 こく

黒人 흑인　暗黒 암흑

훈 くろ / くろい

黒 검은색　黒い 검다

黒人は足が速いという印象があります。 흑인은 발이 빠르다는 인상을 가지고 있습니다.

黒い煙が出ています。 검은 연기가 나오고 있습니다.

검다 **흑**　11획

赤

1학년

음 せき / しゃく

赤飯 팥밥　赤十字 적십자　赤道 적도　赤銅 적동

훈 あか / あかい / あからむ / あからめる

赤 빨강색　赤い 빨갛다　赤らむ 붉어지다　赤らめる 붉히다

正月に赤飯を食べます。 정월에 팥밥을 먹습니다.

赤い色が好きです。 빨간 색을 좋아합니다.

붉다 **적**　7획

青 푸르다 청 8획

1학년

음 しょう / せい
群青 군청색　青春 청춘　青年 청년

훈 あお / あおい
青い 파랗다　青色 파란색　青空 파란 하늘

青春は人生の花です。 청춘은 인생의 꽃입니다.
空は青色です。 하늘은 파란색입니다.

緑 초록빛 록 14획

3학년

음 りょく / ろく
新緑 신록　緑青 녹청

훈 みどり
緑 녹색, 초록색

新緑の季節です。 신록의 계절입니다.
緑の窓口はどこですか。 녹색 창구는 어디입니까?

黄 누르다 황 11획

2학년

음 こう / おう
黄色(おうしょく・こうしょく) 황색　黄金 황금　硫黄 유황

훈 き / こ
黄色 노란색　黄色い 노랗다　黄金 황금색

tip 「黄金」은 「おうごん・こがね」로 음과 훈으로 각각 발음되는 것에 주의하자.

この温泉には硫黄成分があります。 이 온천에는 유황 성분이 있습니다.
黄色いシャツを着ました。 노란 셔츠를 입었습니다.

仮 가짜 가 6획

5학년

음 か / け
仮面 가면　仮説 가설　仮装 가장　仮病 꾀병

훈 かり
仮 임시, 가짜

仮面を被って踊りました。 가면을 쓰고 춤추었습니다.
仮に使って後で買います。 임시로 사용하고 나중에 사겠습니다.

絵

2학년

그림 **회**

12획

음 かい / え

絵 그림 絵画 회화 絵描き 그림 그리기, 그림쟁이

絵入りの小説はおもしろいです。 그림이 들어간 소설은 재미있습니다.

趣味はお絵描きです。 취미는 그림 그리기입니다.

 가장 복잡한 한자 따라 써보기

획순을 보고 따라 써 봅시다.

엮다 **편**

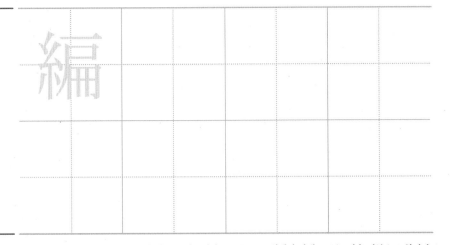

※한자의 획순은 왼쪽에서 오른쪽으로, 위에서 아래로 쓰는 것을 기본으로 합니다.

남는 한자가 없도록 단어가 되는 한자를 짝지어 이어보세요.

① 演 ·　　　　　　　· 画

② 編 ·　　　　　　　· 奏

③ 音 ·　　　　　　　· 曲

④ 展 ·　　　　　　　· 楽

⑤ 絶 ·　　　　　　　· 金

⑥ 批 ·　　　　　　　· 示

⑦ 合 ·　　　　　　　· 評

⑧ 映 ·　　　　　　　· 版

⑨ 芸 ·　　　　　　　· 術

⑩ 黄 ·　　　　　　　· 唱

의식주 I

衣	服	飮	酒	枝	豆
옷 의	옷 복	마시다 음	술 주	가지 지	콩 두
精	米	穀	物	砂	糖
자세하다 정	쌀 미	곡식 곡	만물 물	모래 사	엿 당
階	段	絹	晩	飯	庭
층계 계	나누다 단	명주 견	저물다 만	밥 반	뜰 정
戶	納	屋	浴	具	綿
집 호	들이다 납	집 옥	목욕 욕	갖추다 구	목화 면
糸	裝				
실 사	차리다 장				

4학년

衣
옷 **의**
6획

음 い
衣食住 의식주　衣装 의상　白衣 백의

훈 ころも
衣 옷

tip
간호사는「看護婦(かんごふ)」라고도 표현하기도 한다.

看護師は白衣の天使と言われます。 간호사는 백의의 천사라고 합니다.
衣を脱いでいます。 옷을 벗고 있습니다.

3학년

服
옷 **복**
8획

음 ふく
衣服 의복　着服 착복　内服 내복　礼服 예복

衣服の業界も景気が悪いです。 의복 업계도 경기가 좋지 않습니다.
礼服を着て式場に入りました。 예복을 입고 식장에 들어갔습니다.

3학년

飲
마시다 **음**
12획

음 いん
飲料水 음료수　飲食 마시고 먹음

훈 のむ
飲む 마시다

ここでは飲食禁止です。 이곳에서는 음식물 섭취 금지입니다.
水を飲んでください。 물을 마시세요.

3학년

酒
술 **주**
10획

음 しゅ
飲酒 음주　酒量 주량

훈 さけ / さか
酒 술　酒場 선술집

飲酒運転は死亡の近道です。 음주 운전은 사망의 지름길입니다.
青少年には酒を売りません。 청소년에게는 술을 팔지 않습니다.

5학년

枝

가지 **지**
8획

음 ▶ し
枝族 지족　枝垂れ桜 수양 벚나무

훈 ▶ えだ
枝 가지

枝垂れ桜が素敵です。 수양 벚나무가 멋있습니다.
枝を折りました。 가지를 꺾었습니다.

3학년

豆

콩 **두**
7획

음 ▶ とう / ず
豆乳 두유　大豆 대두

훈 ▶ まめ
豆 콩　枝豆 풋콩

예외 ▶ 小豆 팥

豆乳は体にいいです。 두유는 몸에 좋습니다.
節分の日に豆をまきます。 절분의 날에 콩을 뿌립니다.

5학년

精

자세하다 **정**
14획

음 ▶ せい / しょう
精米 정미　精密 정밀　精油 정유　精霊 정령

精米はご飯にするとおいしいです。 정미는 밥으로 하면 맛있습니다.
精密機械ですので取り扱いに気をつけてください。

정밀 기계이므로 취급에 주의해 주십시오.

2학년

米

쌀 **미**
6획

음 ▶ べい / まい
米国 미국　欧米 유럽　米人 미국인

훈 ▶ こめ
米 쌀　米屋 쌀 가게

米国はカタカナでアメリカです。 미국은 가타카나로 아메리카입니다.
米屋でお米を買いました。 쌀 가게에서 쌀을 샀습니다.

6학년

穀
곡식 **곡**
14획

음 こく

こくしょく 穀食 곡식　こくそう 穀倉 곡창　ざっこく 雑穀 잡곡

そうこ こくしょく
倉庫に穀食がいっぱいです。 창고에 곡식이 가득합니다.
ざっこく けんこう やく た
雑穀は健康の役に立ちます。 잡곡은 건강에 도움이 됩니다.

3학년

物
만물 **물**
8획

음 ぶつ / もつ

どうぶつ 動物 동물　こくもつ 穀物 곡물

훈 もの

もの 物 물건　ものがたり 物語 이야기

にんげん しゃかいてき どうぶつ
人間は社会的な動物です。 인간은 사회적 동물입니다.
もの ね だん ちが
物によっては値段が違います。 물건에 따라서는 가격이 다릅니다.

6학년

砂
모래 **사**
9획

음 さ / しゃ

砂金(さきん・しゃきん) 사금　さばく 砂漠 사막　じゃり 砂利 자갈

훈 すな

すな 砂 모래　すな 砂ぼこり 모래 먼지

さ きん さいしゅ
砂金を採取しています。 사금을 채취하고 있습니다.
はる すな と
春には砂ぼこりが飛んできます。 봄에는 모래 먼지가 날아옵니다.

6학년

糖
엿 **당**
16획

음 とう

さとう 砂糖 설탕　せいとう 製糖 제당　ぶどうとう 葡萄糖 포도당

> **tip**
> 葡萄(ぶどう)는 가타카나로 ブドウ로도 많이 사용한다.

さとう い
砂糖を入れてください。 설탕을 넣어 주세요.
てきとう ぶどうとう からだ
適当な葡萄糖は体にいいです。 적당한 포도당은 몸에 좋습니다.

<table>
<tr><td>3
학
년</td><td>

階

층계 **계**

12획

</td><td>

음 **かい**

<ruby>位<rt>い</rt></ruby><ruby>階<rt>かい</rt></ruby> 위계 　<ruby>階<rt>かい</rt></ruby><ruby>級<rt>きゅう</rt></ruby> 계급 　<ruby>段<rt>だん</rt></ruby><ruby>階<rt>かい</rt></ruby> 단계

<ruby>軍<rt>ぐん</rt></ruby><ruby>隊<rt>たい</rt></ruby>には<ruby>階<rt>かい</rt></ruby><ruby>級<rt>きゅう</rt></ruby>があります。 군대에는 계급이 있습니다.

<ruby>段<rt>だん</rt></ruby><ruby>階<rt>かい</rt></ruby><ruby>的<rt>てき</rt></ruby>に<ruby>進<rt>すす</rt></ruby>めてください。 단계적으로 진행해 주세요.

</td></tr>
<tr><td>6
학
년</td><td>

段

나누다 **단**

9획

</td><td>

음 **だん**

<ruby>階<rt>かい</rt></ruby><ruby>段<rt>だん</rt></ruby> 계단 　<ruby>段<rt>だん</rt></ruby><ruby>落<rt>らく</rt></ruby> 단락

<ruby>階<rt>かい</rt></ruby><ruby>段<rt>だん</rt></ruby>から<ruby>降<rt>お</rt></ruby>りてきます。 계단에서 내려옵니다.

<ruby>段<rt>だん</rt></ruby><ruby>落<rt>らく</rt></ruby>に<ruby>分<rt>わ</rt></ruby>けてやります。 단락으로 나누어 하겠습니다.

</td></tr>
</table>

<table>
<tr><td>6
학
년</td><td>

絹

명주 **견**

13획

</td><td>

음 **けん**

<ruby>絹<rt>けん</rt></ruby><ruby>糸<rt>し</rt></ruby> 견사(명주실) 　<ruby>純<rt>じゅん</rt></ruby><ruby>絹<rt>けん</rt></ruby> 순견 　<ruby>本<rt>ほん</rt></ruby><ruby>絹<rt>けん</rt></ruby> 본견

훈 **きぬ**

<ruby>絹<rt>きぬ</rt></ruby> 명주

それは<ruby>人<rt>じん</rt></ruby><ruby>造<rt>ぞう</rt></ruby><ruby>絹<rt>けん</rt></ruby><ruby>糸<rt>し</rt></ruby>です。 그것은 인조 견사입니다.

<ruby>絹<rt>きぬ</rt></ruby>でできたワイシャツです。 명주로 만든 와이셔츠입니다.

</td></tr>
</table>

<table>
<tr><td>6
학
년</td><td>

晩

저물다 **만**

12획

</td><td>

음 **ばん**

<ruby>毎<rt>まい</rt></ruby><ruby>晩<rt>ばん</rt></ruby> 매일 밤 　<ruby>大<rt>たい</rt></ruby><ruby>器<rt>き</rt></ruby><ruby>晩<rt>ばん</rt></ruby><ruby>成<rt>せい</rt></ruby> 대기만성 　<ruby>今<rt>こん</rt></ruby><ruby>晩<rt>ばん</rt></ruby> 오늘 밤

<ruby>毎<rt>まい</rt></ruby><ruby>晩<rt>ばん</rt></ruby>、<ruby>遅<rt>おそ</rt></ruby>く<ruby>寝<rt>ね</rt></ruby>ます。 매일 밤 늦게 잡니다.

<ruby>今<rt>こん</rt></ruby><ruby>晩<rt>ばん</rt></ruby>は。 안녕하세요.(저녁 인사)

</td><td>

tip

「今晩は」는 주로 히라가나로 こんばんは라고 표기한다.

</td></tr>
</table>

4학년

飯

밥 **반**

12획

음 はん

ご飯 밥　残飯 잔반　昼御飯 점심밥

훈 めし

飯 밥　朝飯 아침밥

ご飯は主食です。 밥은 주식입니다.

朝飯は食べません。 아침밥은 먹지 않습니다.

3학년

庭

뜰 **정**

10획

음 てい

家庭 가정　庭園 정원

훈 にわ

庭 정원, 마당

主人は家庭的です。 남편은 가정적입니다.

庭に桜の花が咲きました。 정원에 벚꽃이 피었습니다.

2학년

戸

집 **호**

4획

음 こ

戸籍 호적　門戸 문호　下戸 술을 못함

훈 と

戸 집, 지게문　戸じまり 문단속

戸籍を調べています。 호적을 조사하고 있습니다.

戸じまりをして寝ました。 문단속을 하고 잤습니다.

6학년

納

들이다 **납**

10획

음 のう / なっ / な / なん / とう

納入 납입　納得 납득　納屋 헛간　納戸 가재도구를 두는 곳　出納 출납

훈 おさめる / おさまる

納める 납입하다　納まる 수납되다

納得できる説明をしてください。 납득할 수 있는 설명을 해 주세요.

税金を納めました。 세금을 납부했습니다.

3학년

屋
집 **옥**
9획

음 **おく**
屋上 옥상 家屋 가옥 屋外 옥외

훈 **や**
屋 집 屋根 지붕

屋上で体操をします。 옥상에서 체조를 합니다.
屋根に雪が積もりました。 지붕에 눈이 쌓였습니다.

4학년

浴
목욕 **욕**
10획

음 **よく**
混浴 혼욕 日光浴 일광욕 入浴 입욕 浴室 욕실

훈 **あびる / あびせる**
浴びる (물을)뒤집어 쓰다 浴びせる 끼얹다

浴室にタオルがありません。 욕실에 타올이 없습니다.
シャワーを浴びています。 샤워를 하고 있습니다.

3학년

具
갖추다 **구**
8획

음 **ぐ**
家具 가구 具体 구체 寝具 침구

예외 **具に** 자세히

具体的に言います。 구체적으로 말하겠습니다.
今年の夏に寝具を買いました。 올 여름에 침구를 샀습니다.

5학년

綿
목화 **면**
14획

음 **めん**
木綿 목면 綿花 면화

훈 **わた**
綿 목화, 솜

半分は木綿を入れました。 반은 목면을 넣었습니다.
綿を入れた布団は暖かいです。 솜을 넣은 이불은 따뜻합니다.

1학년

糸

실 **사**

6획

음 し

めんし
綿糸 면사

훈 いと

いと　いとま
糸 실 糸巻き 실타래

めんし　つく　ふく
綿糸で作った服です。 면사로 만든 옷입니다.
いと　むす
糸で結びます。 실로 묶습니다.

6학년

装

차리다 **장**

12획

음 そう / しょう

そうち　しんそう　そうび　しょうぞく
装置 장치 新装 신장 装備 장비 装束 치장

훈 よそおう

よそお
装う 치장하다, 가장하다

しんそうかいてん　おおいそが
新装開店で大忙しいです。 신장 개점으로 아주 바쁩니다.
しゃちょう　きゃく　よそお　みせ　き
社長が客を装って店に来ました。 사장이 손님을 가장해서 가게에 왔습니다.

 가장 복잡한 한자 따라 써보기

획순을 보고 따라 써 봅시다.

엿 **당**

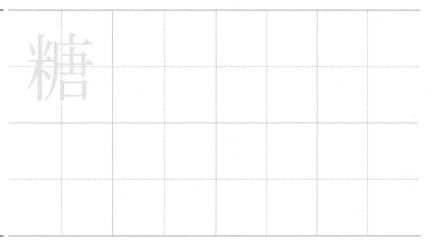

※한자의 획순은 왼쪽에서 오른쪽으로, 위에서 아래로 쓰는 것을 기본으로 합니다.

정답 p.336

다음 한자의 알맞은 음에 동그라미 해 보세요.

① 服
복 | 장

② 段
계 | 단

③ 飲
음 | 식

④ 枝
기 | 지

⑤ 納
납 | 득

⑥ 精
청 | 정

⑦ 綿
면 | 견

⑧ 屋
가 | 옥

⑨ 糖
당 | 탕

⑩ 砂
소 | 사

의식주 II

眼	鏡	麦	茶	完	熟
눈 **안**	거울 **경**	보리 **맥**	차나무 **다/차**	완전하다 **완**	익다 **숙**
料	理	食	欲	淸	潔
헤아리다 **료**	다스리다 **리**	먹다 **식**	하고자 하다 **욕**	맑다 **청**	깨끗하다 **결**
布	団	灰	皿	粉	塩
베 **포**	둥글다 **단**	재 **회**	접시 **명**	가루 **분**	소금 **염**
材	机	窓	層	整	柱
재목 **재**	책상 **궤**	창 **창**	층 **층**	가지런하다 **정**	기둥 **주**

眼
눈 **안**
11획
5학년

- 음 **がん / げん**
  眼球 안구　眼目 안목　肉眼 육안
- 훈 **まなこ**
  眼 눈알

肉眼で見える距離です。 육안으로 보이는 거리입니다.
魚の眼は食べます。 생선 눈알은 먹습니다.

鏡
거울 **경**
19획
4학년

- 음 **きょう**
  鏡台 경대　望遠鏡 망원경　反射鏡 반사경
- 훈 **かがみ**
  鏡 거울
- 예외 **眼鏡** 안경

望遠鏡で星を見ます。 망원경으로 별을 봅니다.
鏡を拭いています。 거울을 닦고 있습니다.

麦
보리 **맥**
7획
2학년

- 음 **ばく**
  精麦 정맥
- 훈 **むぎ**
  麦 보리

精麦して作った生ビールはおいしいです。 정맥한 생맥주는 맛있습니다.
ビールの原料は麦です。 맥주의 원료는 보리입니다.

茶
차나무 **다/차**
9획
2학년

- 음 **さ / ちゃ**
  茶道 다도　茶室 다실　緑茶 녹차　麦茶 보리차

茶道は日本の伝統文化の一つです。 다도는 일본의 전통문화의 하나입니다.
緑茶は癌の予防にいいです。 녹차는 암 예방에 좋습니다.

完

4학년

완전하다 **완**

7획

음 ▶ **かん**

完全 완전, 완벽　補完 보완　完了 완료

完全にだまされました。완전히 속았습니다.
お申し込みの受付が完了しました。접수 신청이 완료되었습니다.

熟

6학년

익다 **숙**

15획

음 ▶ **じゅく**

熟語 숙어　熟練工 숙련공　成熟 성숙　早熟 조숙　半熟 반숙　完熟 완숙

훈 ▶ **うれる**

熟れる 익다, 여물다

体が成熟しました。몸이 성숙했습니다.
みかんがよく熟れました。귤이 잘 익었습니다.

料

4학년

헤아리다 **료**

10획

훈 ▶ **うれる**

材料 재료　料金 요금　利用料 이용료

バス料金が値上がりました。버스 요금이 인상되었습니다.
空港利用料は2万円です。공항 이용료는 2만엔입니다.

理

2학년

다스리다 **리**

11획

음 ▶ **り**

経理 경리　処理 처리　理髪 이발　理論 이론　論理 논리　料理 요리

彼女は経理の仕事をしています。그녀는 경리 일을 하고 있습니다.
理論と実戦は違います。이론과 실전은 다릅니다.

2 학년

食
먹다 **식**
9획

음 しょく / じき

食事 식사 食堂 식당 断食 단식

훈 くう / たべる / くらう

食べる 먹다 食う 먹다 食らう 먹다, 당하다

tip
'먹다'라는 동사로는 「食(た)べる」와 「食(く)う」가 있는데 일반적으로는 「食べる」를 많이 사용한다. 「食う」는 처음 만나는 사람이나 비즈니스에서는 잘 사용하지 않는다.

いつもご飯は食堂で食べます。 항상 밥은 식당에서 먹습니다.
日本の食べ物が食べたいです。 일본 음식을 먹고 싶습니다.

6 학년

欲
하고자 하다 **욕**
11획

음 よく

意欲 의욕 食欲 식욕 欲求 욕구

훈 ほっする / ほしい

欲する 바라다, 원하다 欲しい ~하고 싶다

体の調子が悪くて、食欲がありません。

몸 상태가 좋지 않아서 식욕이 없습니다.
世界平和を欲します。 세계 평화를 바랍니다.

4 학년

清
맑다 **청**
11획

음 せい / しょう

清明 청명 清酒 청주 清算 청산 清純 청순

훈 きよい / きよまる / きよめる

清い 맑다 清まる 맑아지다 清める 맑게 하다

예외 清々しい 상쾌하다

清純派は女優が人気です。 청순파 여배우가 인기입니다.
清い空気を吸います。 맑은 공기를 마십니다.

5 학년

潔
깨끗하다 **결**
15획

음 けつ

潔白 결백 高潔 고결 純潔 순결 清潔 청결

훈 いさぎよい

潔い 깨끗하다, 떳떳하다

体を清潔にしてください。 몸을 청결하게 하세요.
潔く謝りました。 깨끗하게 사과했습니다.

5학년

布 베 **포**
5획

음 **ふ**
配布 배포　布告 포고　分布 분포

훈 **ぬの**
布 천, 직물의 총칭(삼베, 무명)

市内にチラシを配布しました。 시내에 전단지를 배포했습니다.
この布は何でできていますか。 이 천은 무엇으로 만들었습니까?

5학년

団 둥글다 **단**
6획

훈 **だん / とん**
団結 단결　団子 경단　団体 단체　団地 단지　布団 이불, 이부자리

예외 **団扇** 부채

韓国人は団結力が強いです。 한국인은 단결력이 강합니다.
布団を敷いてください。 이불을 깔아 주세요.

6학년

灰 재 **회**
6획

음 **かい**
石灰 석회　石灰岩 석회암

훈 **はい**
灰皿 재떨이

山から石灰岩が出ました。 산에서 석회암이 나왔습니다.
灰皿を取ってください。 재떨이를 집어 주세요.

3학년

皿 접시 **명**
5획

훈 **さら**
皿 접시　皿洗い 설거지　小皿 작은 접시　大皿 큰 접시　受けざら 받침 접시

日本料理は小皿を使います。 일본 요리는 작은 접시를 사용합니다.
皿洗いのバイトをしています。 설거지 아르바이트를 하고 있습니다.

粉

가루 **분**
10획

음 ふん

粉食 분식 粉末 분말, 가루

훈 こ / こな

小麦粉 밀가루 粉 가루 粉々 산산조각, 가루가 되다

粉末緑茶の効能が注目されています。 가루 녹차의 효능이 주목받고 있습니다.

粉々になりました。 산산조각이 되었습니다.

塩

소금 **염**
13획

음 えん

塩分 염분 食塩 식염 塩田 염전

훈 しお

塩 소금

食塩を作っています。 식염을 만들고 있습니다.

塩をかけてください。 소금을 치세요.

材

재목 **재**
7획

음 ざい

教材 교재 人材 인재

教材は教育の基本です。 교재는 교육의 기본입니다.

会社に人材が少ないです。 회사에 인재가 적습니다.

机

책상 **궤**
6획

음 き

机下 궤하(편지 등에서 상대방의 이름 옆에 쓰이는 존경어) 机上 책상 위

훈 つくえ

机 책상

机上の空論。 탁상공론

机と椅子があります。 책상과 의자가 있습니다.

6학년

窓
창 **창**
11획

음 ▶ **そう**
学窓 학창　窓外 창밖

훈 ▶ **まど**
窓 창문

学窓の思出がありません。 학창(시절) 의 추억이 없습니다.
窓を開けてください。 창문을 열어 주세요.

6학년

層
층 **층**
14획

음 ▶ **そう**
階層 계층　高層 고층　層層 층층　断層 단층

高層ビルが並んでいます。 고층 빌딩이 줄지어 있습니다.
地質的に断層は地震が起きやすいです。 지질적으로 단층은 지진이 일어나기 쉽습니다.

3학년

整
가지런하다 **정**
16획

음 ▶ **せい**
整理 정리　整備 정비

훈 ▶ **ととのえる / ととのう**
整える 조절하다, 가지런히 하다, 정리하다　整う 가지런해지다, 정돈되다

古い衣服を整理します。 오래된 의복을 정리하겠습니다.
服装を整えて面接に行きました。 복장을 단정히 하고 면접에 갔습니다.

3학년

柱
기둥 **주**
9획

음 ▶ **ちゅう**
電柱 전주

훈 ▶ **はしら**
大黒柱 대들보(가정, 국가 등의 기둥이 되는 인물)

電柱が倒れました。 전주가 쓰러졌습니다.
父は家庭の大黒柱です。 아버지는 가정의 대들보입니다.

다음 한자의 음과 뜻을 바르게 이어보세요.

① 麦 ·

· 보리 **맥**

② 完 ·

· 맑다 **청**

③ 料 ·

· 깨끗하다 **결**

④ 淸 ·

· 완전하다 **완**

⑤ 潔 ·

· 헤아리다 **료**

⑥ 団 ·

· 가지런하다 **정**

⑦ 塩 ·

· 가루 **분**

⑧ 窓 ·

· 창 **창**

⑨ 粉 ·

· 둥글다 **단**

⑩ 整 ·

· 소금 **염**

사람

友	人	印	象	看	護
벗 **우**	사람 **인**	도장 **인**	코끼리 **상**	보다 **간**	지키다 **호**
医	者	俳	優	武	士
의원 **의**	놈 **자**	광대 **배**	뛰어나다 **우**	호반 **무**	선비 **사**
君	臣	皇	后	群	衆
임금 **군**	신하 **신**	임금 **황**	임금 **후**	무리 **군**	무리 **중**
他	鄕	係	役	氏	牧
남 **타**	마을 **향**	매다 **계**	일 **역**	씨 **씨**	목장 **목**
脈	我	陛	著	貴	諸
맥 **맥**	나 **아**	섬돌 **폐**	나타나다 **저**	귀하다 **귀**	여럿 **제**

友

2학년

벗 **우**
4획

음 ▶ **ゆう**

しんゆう
親友 친우

훈 ▶ **とも**

とも　　　ともだち
友 친구　友達 친구

かれ　こうこう　しんゆう
彼は高校の親友です。 그는 고등학교 친우입니다.
ともだち　　やくそく　まも
友達との約束は守ってください。 친구와의 약속은 지켜 주세요.

人

1학년

사람 **인**
2획

음 ▶ **らく / がく**

せいじん　　　にんじょう　　　ゆうじん
成人 성인　人情 인정　友人 친구

훈 ▶ **ひと**

ひと
人 사람

예외 ▶ **おとな**

おとな
大人 어른

せいじん　ひ　　　やす
成人の日はお休みです。 성인의 날은 쉽니다.
　　ひと　　　　ひと
あの人はいい人です。 저 사람은 좋은 사람입니다.

印

4학년

도장 **인**
6획

음 ▶ **いん**

いんかん　　　いんにく
印鑑 인감　印肉 인주

훈 ▶ **しるし / しるす**

しるし　　　　しる
印 표시　印す 표시하다

いんかん　お
印鑑を捺してください。 인감을 찍어 주세요.
しるし
印をつけます。 표시를 하겠습니다.

象

4학년

코끼리 **상**
12획

음 ▶ **しょう**

いんしょう　　　げんしょう
印象 인상　現象 현상

훈 ▶ **ぞう**

ぞう
象 코끼리

いんしょうてき　　えいが
印象的な映画でした。 인상적인 영화였습니다.
どうぶつえん　　ぞう
動物園に象がいません。 동물원에 코끼리가 없습니다.

看 보다 간 (9획) 6학년

음 **かん**

<ruby>看護師<rt>かんごし</rt></ruby> 간호사　<ruby>看破<rt>かんぱ</rt></ruby> 간파　<ruby>看病<rt>かんびょう</rt></ruby> 간병

<ruby>看護師<rt>かんごし</rt></ruby>の<ruby>資格試験<rt>しかくしけん</rt></ruby>に<ruby>合格<rt>ごうかく</rt></ruby>しました。 간호사 자격시험에 합격했습니다.
<ruby>母<rt>はは</rt></ruby>を<ruby>看病<rt>かんびょう</rt></ruby>しています。 어머니를 간병하고 있습니다.

護 지키다 호 (20획) 5학년

음 **ご**

<ruby>介護<rt>かいご</rt></ruby> 간호　<ruby>警護<rt>けいご</rt></ruby> 경호　<ruby>守護<rt>しゅご</rt></ruby> 수호　<ruby>保護<rt>ほご</rt></ruby> 보호

<ruby>大統領<rt>だいとうりょう</rt></ruby>の<ruby>警護<rt>けいご</rt></ruby>を<ruby>担当<rt>たんとう</rt></ruby>しています。 대통령의 경호를 담당하고 있습니다.
<ruby>私<rt>わたし</rt></ruby>は<ruby>彼<rt>かれ</rt></ruby>の<ruby>保護者<rt>ほごしゃ</rt></ruby>です。 나는 그의 보호자입니다.

医 의원 의 (7획) 3학년

음 **い**

<ruby>医院<rt>いいん</rt></ruby> 의원　<ruby>医者<rt>いしゃ</rt></ruby> 의사　<ruby>医療<rt>いりょう</rt></ruby> 의료

<ruby>医者<rt>いしゃ</rt></ruby>になりたくて<ruby>医学部<rt>いがくぶ</rt></ruby>に<ruby>入<rt>はい</rt></ruby>りました。

의사가 되고 싶어서 의학부에 들어왔습니다.
<ruby>医療団<rt>いりょうだん</rt></ruby>が<ruby>到着<rt>とうちゃく</rt></ruby>しました。 의료단이 도착했습니다.

者 놈 자 (8획) 3학년

음 **しゃ**

<ruby>学者<rt>がくしゃ</rt></ruby> 학자　<ruby>後者<rt>こうしゃ</rt></ruby> 후자　<ruby>前者<rt>ぜんしゃ</rt></ruby> 전자

훈 **もの**

<ruby>者<rt>もの</rt></ruby> 사람

<ruby>将来<rt>しょうらい</rt></ruby>、<ruby>立派<rt>りっぱ</rt></ruby>な<ruby>学者<rt>がくしゃ</rt></ruby>になります。 장래에 훌륭한 학자가 되겠습니다.

そういう<ruby>者<rt>もの</rt></ruby>です。 그런 사람입니다.

6학년

俳

광대 **배**
10획

음▶ **はい**

俳優 배우　俳句 하이쿠(일본의 정형시)

有名な俳優になりたいです。 유명한 배우가 되고 싶습니다.
俳句の日本語は難しいです。 하이쿠 일본어는 어렵습니다.

6학년

優

뛰어나다 **우**
17획

음▶ **ゆう**

優秀 우수　優待 우대　優良 우량

훈▶ **やさしい / すぐれる**

優しい 상냥하다　優れる 우수하다

優秀な成績で卒業しました。 우수한 성적으로 졸업했습니다.
他人に優しい人です。 타인에게 상냥한 사람입니다.

5학년

武

호반 **무**
8획

음▶ **ぶ / む**

武器 무기　武装 무장　武力 무력　武者 무사

武器は持ち込み禁止です。 무기는 반입 금지입니다.
武力を使って解決しました。 무력을 사용해서 해결했습니다.

4학년

士

선비 **사**
3획

음▶ **し**

士官 사관　修士 수사(석사)　武士 무사
博士(はくし・はかせ) 박사

tip
博士는 はくし와 はかせ 두 가지로 발음되는데, 예문과 같이 '학위'의 호칭으로 쓰일 때는 はくし라 읽는다.

修士学位を取りました。 수사(석사) 학위를 취득했습니다.
日本で博士学位を取るのは大変難しいことです。

일본에서 박사 학위를 취득하는 것은 대단히 어려운 일입니다.

君 임금 군 7획

음 くん
君主 군주　主君 주군　~君 ~군(호칭)

훈 きみ
君 그대, 자네

山田君は来ていますか。 야마다 군은 왔습니까?
君のことが好きです。 그대를 좋아합니다.

臣 신하 신 7획

음 しん / じん
君臣 군신　臣下 신하　大臣 대신

君臣の間にはきびしい上下関係があります。
군신 간에는 엄격한 상하 관계가 있습니다.
総理大臣が変りました。 총리대신이 바뀌었습니다.

皇 임금 황 6획

음 こう / おう
皇帝 황제　皇太子 황태자　皇子 황자, 일왕의 아들

예외 天皇 일본의 왕(일왕)

皇太子様がいらっしゃいました。 황태자께서 오셨습니다.
皇帝の婦人が皇后です。 황후의 부인이 황후입니다.

后 임금 후 6획

음 こう
皇后 황후　皇太后 황태후

皇后になりました。 황후가 되었습니다.
皇太后とは前の皇帝の妻のことを言います。
황태후란 전 황제의 아내를 뜻합니다.

5학년

群
무리 **군**
13획

음 ▶ **ぐん**
群集 군집　群衆 군중

훈 ▶ **むれる / むれ / むら**
群れる 군집하다　群(むれ・むら) 떼, 무리

犯人は群衆の中に逃げていきました。 범인은 군중 속으로 도망쳤습니다.
鳥が群を作って飛んでいます。 새가 무리를 만들어 날고 있습니다.

6학년

衆
무리 **중**
12획

음 ▶ **しゅう / しゅ**
公衆 공중　大衆 대중　民衆 민중　合衆国 합중국　衆生 중생

この辺に公衆電話はありますか。 이 근처에 공중전화는 있습니까?
アメリカ合衆国は強国です。 미합중국은 강국입니다.

3학년

他
남 **타**
5획

음 ▶ **た**
他殺 타살　他人 타인　その他 그 외

훈 ▶ **ほか**
他 이외

自殺ではなく他殺です。 자살이 아니고 타살입니다.
他に気になることはありませんか。 그 외에 신경 쓰이는 점은 없습니까?

6학년

郷
마을 **향**
11획

음 ▶ **きょう**
故郷 고향　他郷 타향　望郷 망향

故郷に帰って墓参りをしました。 고향에 돌아가서 성묘를 했습니다.
他郷での生活も２０年になります。 타향에서의 생활도 20년이 됩니다.

係

매다 **계**
9획

음 けい

関係 관계

훈 かかる / かかり

係る 관련되다　係り 담당　係員 계원, 담당자

親密な関係を保っています。 친밀한 관계를 유지하고 있습니다.
係員に任せてください。 담당자에게 맡기세요.

役

일 **역**
7획

음 やく / えき

役者 배우　役所 관청 관공서　役人 관리, 공무원　役割 역할　現役 현역

役所の管理が問題です。 관청의 관리가 문제입니다.
役割を分担しました。 역할을 분담했습니다.

氏

씨 **씨**
4획

음 し

姓氏 성씨　彼氏 남자친구

훈 うじ

氏 성

私の彼氏は日本人です。 제 남자 친구는 일본 사람입니다.
氏より育ち。 가문보다 가정교육이 중요하다.

牧

목장 **목**
8획

음 ぼく

牧場 목장　牧師 목사

훈 まき

牧 목장

牧場に羊がいっぱいいます。 목장에 양이 많이 있습니다.
牧と牧場は同じ意味です。 牧와 牧場는 같은 의미입니다.

4학년

脈
맥 **맥**
10획

음 ▶ みゃく

人脈 인맥　動脈 동맥　脈打つ 맥이 뛰다

人脈で成功しました。 인맥으로 성공했습니다.
脈打つ音が大きいです。 맥이 뛰는 소리가 큽니다.

6학년

我
나 **아**
7획

음 ▶ が

我慢 참음　自我 자아　彼我 피아

훈 ▶ われ / わ

我 나　我々 우리　我が国 우리나라

我慢できません。 참을 수 없습니다.
我々は単一民族です。 우리는 단일 민족입니다.

6학년

陛
섬돌 **폐**
10획

음 ▶ へい

陛下 폐하

国王陛下のスピーチに感動しました。 국왕 폐하의 연설에 감동했습니다.
皇帝陛下が呼んでいます。 황제 폐하가 부르고 있습니다.

6학년

著
나타나다 **저**
11획

음 ▶ ちょ

著作 저작　著者 저자　名著 명저

훈 ▶ あらわす / いちじるしい

著す 저술하다　著しい 현저하다

著作権は著者にあります。 저작권은 저자에게 있습니다.
成績が著しく向上されました。 성적이 현저하게 향상되었습니다.

<table>
<tr><td>6학년</td><td>

貴
귀하다 **귀**
12획

</td><td>

음 ▸ **き**

貴下 귀하 貴国 귀국 貴人 귀인

훈 ▸ **たっとい / とうとい / たっとぶ / とうとぶ**

貴(たっと・とうと)い 고귀하다 貴(たっと・とうと)ぶ 존경하다

貴国を訪問したいです。 귀국을 방문하고 싶습니다.

貴い出会いでした。 소중한 만남이었습니다.

</td></tr>
</table>

<table>
<tr><td>6학년</td><td>

諸
여럿 **제**
15획

</td><td>

음 ▸ **しょ**

諸君 제군, 여러분 諸島 제도

学生諸君、頑張ってください。 학생 여러분, 분발하세요.

南の諸島が海洋観光地になりました。

남쪽 제도가 해양 관광지가 되었습니다.

</td></tr>
</table>

✏️ 가장 복잡한 한자 따라 써보기

획순을 보고 따라 써 봅시다.

優
뛰어나다 **우**

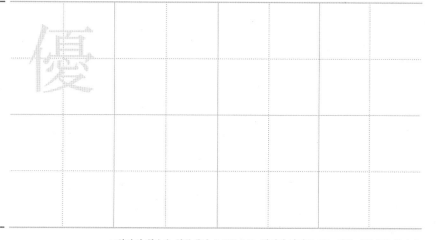

※한자의 획순은 왼쪽에서 오른쪽으로, 위에서 아래로 쓰는 것을 기본으로 합니다.

남는 한자가 없도록 단어가 되는 한자를 짝지어 이어보세요.

① 君 ·　　　　　 · 臣

② 俳 ·　　　　　 · 者

③ 医 ·　　　　　 · 優

④ 看 ·　　　　　 · 脈

⑤ 印 ·　　　　　 · 護

⑥ 友 ·　　　　　 · 象

⑦ 武 ·　　　　　 · 士

⑧ 人 ·　　　　　 · 衆

⑨ 係 ·　　　　　 · 人

⑩ 群 ·　　　　　 · 員

방향과 장소

東	西	南	北	場	所	方
동녘 **동**	서녘 **서**	남녘 **남**	북녘 **북**	마당 **장**	곳 **소**	모 **방**
向	位	置	漁	村	市	街
향하다 **향**	자리 **위**	두다 **치**	고기 잡다 **어**	마을 **촌**	저자 **시**	거리 **가**
湯	寺	都	府	県	区	畑
끓이다 **탕**	절 **사**	도읍 **도**	관청 **부**	고을 **현**	구역 **구**	**일본 한자**
町	丁	郡	州	側	角	京
밭두둑 **정**	고무래/장정 **정**	고을 **군**	고을 **주**	곁 **측**	뿔 **각**	서울 **경**
里	広	店	工	使	極	域
마을 **리**	넓다 **광**	가게 **점**	장인 **공**	부리다 **사**	극처 **극**	지역 **역**
処	裏					
머무르다 **처**	안 **리**					

東

2학년

동녘 **동**
8획

음	とう
	東京 도쿄
훈	ひがし
	東 동쪽
예외	東 아즈마(인명)　東雲 새벽, 여명

東京は日本の首都です。 도쿄는 일본의 수도입니다.
非常口は東の方にあります。 비상구는 동쪽에 있습니다.

西

2학년

서녘 **서**
6획

음	せい / さい
	西欧 서구　西洋 서양　東西 동서
훈	にし
	西 서쪽　西側 서쪽
예외	西瓜 수박

西洋人は背が高いです。 서양인은 키가 큽니다.
西の方に日が暮れます。 서쪽으로 해가 집니다.

南

2학년

남녘 **남**
9획

음	なん / な
	東南 동남　南国 남국　南無 나무(불교의 '나무아미타불')
훈	みなみ
	南 남쪽

東南アジアには観光地が多いです。 동남 아시아에는 관광지가 많습니다.
南の方は日当たりがいいです。 남쪽은 햇빛이 잘 듭니다.

北

2학년

북녘 **북**
5획

음	ほく
	東北 동북　北東 북동　北極 북극　南北 남북　東西南北 동서남북
훈	きた
	北 북쪽

東北アジアで地震がありました。 동북 아시아에서 지진이 있었습니다.
出口は北側にあります。 출구는 북쪽에 있습니다.

tip
방향을 나타낼 때에는 동서 남북에 각각 「-側(かわ)」를 붙여 표기한다. 예를 들면 「東側(ひがしがわ)동쪽」, 「西側(にしがわ)서쪽」, 「南側(みなみがわ)남쪽」, 「北側(きたがわ)북쪽」 등으로 표기한다.

2학년

場

마당 **장**
12획

음 じょう
じょうがい
場外 장외

훈 ば　場 장소　場所 장소
ば　ばしょ

tip
4번 타자의 四番은 よんばん이 아닌 よばん이라고 발음하는 것에 주의하도록 한다.

よばんだしゃ　じょうがい　　　　　　　ぎゃくてんしょうり
4番打者の場外ホームランで逆転勝利となりました。

4번 타자의 장외 홈런으로 역전 승리했습니다.

ばしょ　せま
ここは場所が狭いです。 여기는 장소가 좁습니다.

3학년

所

곳 **소**
8획

음 しょ
しょぞく　　ばしょ
所属 소속　場所 장소

훈 ところ　所 장소
ところ

예외 所謂 이른바, 소위
いわゆる

とうきょうだいがく　しょぞく
東京大学に所属しています。 도쿄대학에 소속하고 있습니다.

い　ところ
行く所がありません。 갈 곳이 없습니다.

tip
所謂(いわゆる) 는 주로 히라가나로 표기한다.

2학년

方

모 **방**
4획

음 ほう
ほうしん　ほうげん
方針 방침　方言 방언

훈 かた
かた
方 쪽, 편, 분

예외 行方 행방
ゆくえ

かいしゃ　ほうしん　したが
会社の方針に従ったまでです。 회사의 방침에 따랐을 뿐입니다.

かた　にほんご　せんせい
あの方が日本語の先生です。 저 분이 일본어 선생님입니다.

3학년

向

향하다 **향**
6획

음 こう
こうじょう　ほうこう
向上 향상　方向 방향

훈 むく / むける / むかう / むこう
む　　　　　む　　　　　　　む　　　　　　　む
向く 향하다　向ける 향하다　向かう 향하다　向こう 건너편

じつりょくこうじょう　　　　どりょく
実力向上のために努力します。 실력 향상을 위해서 노력합니다.

うしろ　む
後を向いてください。 뒤를 향해 주세요.

4학년

位
자리 **위**
7획

음 い
がくい ぎ 学位 학위 じょうい 上位 상위 ほうい 方位 방위

훈 くらい
くらい 位 정도, 쯤

がくい と
学位が取れません。 학위를 취득할 수 없습니다.
じゅうにんくらい すわ
十人位は座れます。 열 명 정도는 앉을 수 있습니다.

4학년

置
두다 **치**
13획

음 ち
あんち 安置 안치 いち 位置 위치 はいち 配置 배치 しょち 処置 처치 ほうち 放置 방치

훈 おく
お 置く 놓다

ほうち ほう
放置しない方がいいです。 방치하지 않는 것이 좋습니다.
お
そこに置いてください。 그곳에 놓아 주세요.

4학년

漁
고기 잡다 **어**
14획

음 ぎょ / りょう
ぎょぎょう 漁業 어업 ぎょみん 漁民 어민 りょうし 漁師 어부

ぎょぎょうけん あらそ
漁業権で争っています。 어업권으로 싸우고 있습니다.
じもと りょうし あんない
地元の漁師さんに案内してもらいました。 현지 어부에게 안내 받았습니다.

1학년

村
마을 **촌**
7획

음 そん
そんらく 村落 촌락 ぎょそん 漁村 어촌

훈 むら
むら 村 촌락, 마을 むらびと 村人 마을 사람

ぎょそん わか ひと
漁村にも若い人がいません。 어촌에도 젊은 사람이 없습니다.
むら ひと
この村には人がいません。 이 마을에는 사람이 없습니다.

市

2학년

저자 **시**

5획

<table>
<tr><td>음</td><td>し</td></tr>
</table>

市内 시내　市立 시립　都市 도시

<table>
<tr><td>훈</td><td>いち</td></tr>
</table>

市 시장　市場 시장

市内バスに乗って学校へ行きます。 시내버스를 타고 학교에 갑니다.
市場の品物は安いです。 시장 물건은 쌉니다.

街

4학년

거리 **가**

12획

<table>
<tr><td>음</td><td>がい / かい</td></tr>
</table>

街頭 가두　市街地 시가지　街道 가도

<table>
<tr><td>훈</td><td>まち</td></tr>
</table>

街 거리, 시내

市街地の活性化に向けて動いています。

시가지의 활성화를 향해 움직이고 있습니다.

静かな街です。 조용한 거리입니다.

湯

3학년

끓이다 **탕**

12획

<table>
<tr><td>음</td><td>とう</td></tr>
</table>

銭湯 대중목욕탕　熱湯 열탕, 끓는 물

<table>
<tr><td>훈</td><td>ゆ</td></tr>
</table>

お湯 뜨거운 물

tip
'대중목욕탕'은 「銭湯(せんとう)」로 표기하고 집 안에 욕탕은 「お風呂場(ふろば)」로 표기한다.

銭湯の中で洗濯はできません。 대중목욕탕 안에서 세탁은 할 수 없습니다.
お湯が沸きました。 뜨거운 물이 끓었습니다.

寺

2학년

절 **사**

6획

<table>
<tr><td>음</td><td>じ</td></tr>
</table>

寺院 사원

<table>
<tr><td>훈</td><td>てら</td></tr>
</table>

寺 절

韓国にもイスラム寺院があります。 한국에도 이슬람 사원이 있습니다.
山の中に寺があります。 산 속에 절이 있습니다.

3학년

都
도읍 도
11획

음 ▶ と / つ

京都 교토　都会 도회　都民 도민　都合 사정, 형편

훈 ▶ みやこ

都 수도

京都は江戸時代の都です。 교토는 에도 시대의 도읍지입니다.

ソウルは朝鮮時代の都です。 서울은 조선 시대의 도읍지입니다.

4학년

府
관청 부
8획

음 ▶ ふ

政府 정부　総理府 총리부　府立 부립

今年の赤字は政府の責任です。 금년의 적자는 정부 책임입니다.

大阪府立高校を卒業しました。 오사카 부립 고등학교를 졸업했습니다.

3학년

県
고을 현
9획

음 ▶ けん

県立 현립　県庁 현청

tip

「県(けん)」은 행정구역을 나누는 용어로 우리의 '시 / 도'에 해당한다.

県立大学に合格しました。 현립 대학에 합격했습니다.

千葉県の県庁はどこにありますか。 치바현의 현청은 어디에 있습니까?

3학년

区
구역 구
4획

음 ▶ く

区画 구획　区域 구역　区間 구간　区役所 구청

ここは開発禁止区域です。 여기는 개발금지구역입니다.

彼は区役所の職員です。 그는 구청 직원입니다.

3학년

일본 한자
9획

훈 **はたけ**
　_{はたけ}
　畑 밭

tip
「畑(はたけ)」는 일본에서
만든 한자로 우리말의 발
음표기는 없다.

_{はたけ} _{し ごと} _{たいへん}
畑の仕事は大変です。 밭일은 힘듭니다.
_{いも} _{はたけ} _で
さつま芋は畑から出ます。 고구마는 밭에서 나옵니다.

1학년

밭두둑 정
7획

음 **ちょう**
　_{ちょう} 　　　　　_{ちょうちょう} 　　　_{ちょうないかい}
　町 쵸(행정 구역), 마을　町長 읍장　町内会 마을 자치회

훈 **まち**
　_{まち}
　町 번화한 상가, 시내, 읍내

_{しんじゅくちょう}
新宿町はどこですか。 신쥬쿠쵸는 어디입니까?
_{にぎ} _{まち}
とても賑やかな町です。 아주 번화한 시내입니다.

3학년

고무래/장정 정
2획

음 **ちょう / てい**
　_{いっちょう め} 　　　_{ていちょう}
　一丁目 1번지　丁重 정중

_{いっちょう め} _す
１丁目に住んでいますか。 1번지에 살고 있습니까?
_{ていちょう} _{あいさつ}
丁重に挨拶をします。 정중하게 인사를 합니다.

4학년

고을 군
10획

음 **ぐん**
　_{ぐんだい}
　郡代 수호대

_{ぐんだい} _{え ど じ だい} _{しょくめい}
郡代は江戸時代の職名です。 郡代는 에도 시대의 직종입니다.

州 고을 주 6획
3학년

음 しゅう
州知事 주지사

훈 す
三角州 삼각주

今年は州知事選挙があります。 올해는 주지사 선거가 있습니다.
地理の授業で三角州について習います。 지리 수업에서 삼각주에 대해 배웁니다.

側 곁 측 11획
4학년

음 そく
右側 우측　左側 좌측　側近 측근

훈 かわ
側 한 쪽　内側 안쪽

예외 そば
側 곁, 옆

彼は大統領の側近です。 그는 대통령의 측근입니다.
内側にあります。 안쪽에 있습니다.

角 뿔 각 7획
2학년

음 かく
角度 각도　三角形 삼각형　四角形 사각형

훈 かど / つの
角 모서리　角 뿔

角度を取ってください。 각도를 잡아 주세요.
角を曲がってください。 모서리를 돌아 주세요.

京 서울 경 8획
2학년

음 きょう / けい
京都 교토　上京 상경　京浜東北線 케이힌토호쿠선(JR 전철 노선명)

京都は千年古都です。 교토는 천년 고도입니다.
田舎から上京して5年になります。 시골에서 상경한지 5년이 되었습니다.

里

2학년

마을 **리**
7획

음▶ り
きょう り
郷里 향리

훈▶ さと
さと　　　　　　　ち さと
里 마을, 고향　千里 천리

せん り　　みち　　いっ ぽ
千里の道も一歩より。천리길도 한 걸음부터.
しょうがつ　　さとがえ
正月に里帰りをします。정월에 고향에 돌아갑니다.

広

2학년

넓다 **광**
5획

음▶ こう
こう いき　　　　　こう こく
広域 광역　広告 광고

훈▶ ひろい / ひろがる / ひろげる / ひろまる / ひろめる
ひろ　　　　　　ひろ ば　　　　　　ひろ　　　　　　　　　ひろ
広い 넓다　広場 광장　広がる 넓어지다　広げる 펼치다　広まる 퍼지다
ひろ
広める 보급하다

こう こく こう か
広告効果がありました。광고 효과가 있었습니다.
ひとびと　　ひろ ば　　あつ
人々が広場に集まります。사람들이 광장에 모입니다.

店

2학년

가게 **점**
8획

음▶ てん
ばい てん　　　　しょうてんがい
売店 매점　商店街 상점가

훈▶ みせ
みせ
店 가게

えきまえ　　しょうてんがい　　　　　　　　　 や
駅前の商店街にケーキ屋ができました。역 앞 상점가에 케이크 가게가 생겼습니다.
みせ　　ひと　　き
店の人に聞いてください。가게 사람에게 물어 보세요.

工

2학년

장인 **공**
3획

음▶ こう / く
こうじょう　　　こう ば　　　　　　　こうぎょう
工場(こうじょう・こうば)공장　工業 공업
く ふう　　　　　　こう ふ
工夫 궁리함　工夫 공사장의 인부

こうじょう　けんがく　　に ほん　い
工場の見学に日本へ行きます。공장을 견학하러 일본에 갑니다.
ちゅうごく　　こうぎょう か　　すす
中国は工業化が進んでいます。중국은 공업화가 진전되어 있습니다.

使

3학년

부리다 **사**

8획

음 ▶ し

使用 사용　使命 사명　行使 행사

훈 ▶ つかう

使う 사용하다

使命感を持って仕事します。 사명감을 갖고 일합니다.

使って見てください。 사용해 보세요.

極

4학년

극처 **극**

12획

음 ▶ きょく / ごく

極東 극동　北極 북극　南極 남극　極秘 극비

훈 ▶ きわめる / きわまる / きわみ

極める 한도에 이르다　極まる 다하다　極み 극도　極めて 지극히, 더없이

極東アジアは経済が発展しました。 극동 아시아는 경제가 발전했습니다.

極めて苦しい状況です。 지극히 고통스런 상황입니다.

域

6학년

지역 **역**

11획

음 ▶ いき

地域 지역　領域 영역

地域的に貧富の差が大きいです。 지역적으로 빈부의 차가 큽니다.

領域の印をつけました。 영역 표시를 했습니다.

処

6학년

머무르다 **처**

5획

음 ▶ しょ

処分 처분　対処 대처

예외 ▶ 出処 출처

事故が起きた時の対処法を覚えておきましょう。

사고가 났을 때의 대처법을 기억해 둡시다.

出処を教えてください。 출처를 가르쳐 주세요.

<table>
<tr><td rowspan="4">6학년</td><td rowspan="4">裏
안 리
13획</td><td>음</td><td>り
_{のう り}
脳裏 뇌리　裏面 이면</td></tr>
</table>

6학년

裏
안 리
13획

음 り

脳裏 뇌리　裏面 이면

훈 うら

裏 뒷면　裏面 뒷면

裏面にも記入しました。이면에도 기입했습니다.
裏面に書いてください。뒷면에 써 주세요.

가장 복잡한 한자 따라 써보기

획순을 보고 따라 써 봅시다.

고기 잡다 어

※한자의 획순은 왼쪽에서 오른쪽으로, 위에서 아래로 쓰는 것을 기본으로 합니다.

아래에서 단어가 되는 한자의 짝을 찾아 빈 칸에 써 보세요.

市　区　方
域　漁　置　府
都　西　場

① 都 ☐　　⑥ ☐ 所

② 広 ☐　　⑦ ☐ 域

③ 位 ☐　　⑧ ☐ 村

④ 東 ☐　　⑨ ☐ 会

⑤ 政 ☐　　⑩ ☐ 向

迷	宮	限	定	伝	聞	要
헤매다 **미**	대궐 **궁**	한도 **한**	정하다 **정**	전하다 **전**	듣다 **문**	구하다 **요**
領	保	存	重	複	酸	化
거느리다 **령**	보전하다 **보**	있다 **존**	무겁다 **중**	겹치다 **복**	초 **산**	되다 **화**
容	積	直	径	近	似	帳
얼굴 **용**	쌓다 **적**	곧다 **직**	지름길 **경**	가깝다 **근**	같다 **사**	휘장 **장**
幕	模	様	墓	穴	必	至
장막 **막**	법 **모**	모양 **양**	무덤 **묘**	구멍 **혈**	반드시 **필**	이르다 **지**
系	列	源	泉	秘	蔵	聖
계통 **계**	줄 **열**/벌이다 **렬**	근원 **원**	샘 **천**	숨기다 **비**	감추다 **장**	성스럽다 **성**
誕	簡	単				
나다 **탄**	대쪽 **간**	홑 **단**				

迷

헤매다 **미**
9획

음 めい

混迷 혼미　迷信 미신

훈 まよう

迷う 갈피를 못잡다, 헤매다

混迷して倒れています。 혼미해서 쓰러져 있습니다.
方向を迷っています。 방향을 헤매고 있습니다.

宮

대궐 **궁**
10획

음 きゅう / く / ぐう

王宮 왕궁　後宮 내전　迷宮 미궁　宮内 궁내　竜宮 용궁

훈 みや

宮 신사

昔の王宮が残されています。 옛 궁전이 남겨져 있습니다.
お宮参りをしました。 신사 참배를 했습니다.

限

한도 **한**
9획

음 げん

限界 한계　限度 한도

훈 かぎる

限る 한정하다

もう限界です。 이제 한계입니다.
今回に限って許します。 이번에 한해서 허락합니다.

定

정하다 **정**
8획

음 てい / じょう

安定 안정　定石 정석　限定 한정

훈 さだめる / さだまる / さだか

定める 정하다　定まる 정해지다　定か 정확하다, 명확하다

安定した生活をしています。 안정적인 생활을 하고 있습니다.
場内に動物を入れないように定めました。
장내에 동물을 들이지 않도록 정했습니다.

伝
전하다 **전**
6획

4학년

음 でん
伝説 전설　伝言 전언

훈 つたわる / つたえる / つたう
伝わる 전달되다　伝える 전하다　伝う 이동하다

伝説的な話です。 전설적인 이야기입니다.
伝言を伝えてください。 전언을 전해 주세요.

聞
듣다 **문**
14획

2학년

음 ぶん / もん
新聞 신문　百聞 백문　伝聞 전문　前代未聞 전대미문

훈 きく / きこえる
聞く 듣다　聞こえる 들리다

tip
「もん」으로 발음되고 생김새가 비슷하여 혼동하기 쉬운 한자 「門」와 「問」도 함께 알아두자.

百聞は一見に如かず。 백문이불여일견.
人の話を聞いてください。 사람 말을 들어 주세요.

要
구하다 **요**
9획

4학년

음 よう
重要 중요　要点 요점

훈 いる / かなめ
要る 필요하다　要 요지, 요점

要点を整理します。 요점을 정리하겠습니다.
要らないものは捨てます。 필요 없는 물건은 버립니다.

領
거느리다 **령**
14획

5학년

음 りょう
占領 점령　大統領 대통령　領有 영유　領主 영주　要領 요령

大統領は国民の代表です。 대통령은 국민의 대표입니다.
彼は要領が悪いです。 그는 요령이 나쁩니다.

5학년

保
보전하다 **보**
9획

음 ▶ **ほ**

確保 확보　保育 보육　保有 보유

훈 ▶ **たもつ**

保つ 지키다, 유지하다

資料を確保しています。 자료를 확보하고 있습니다.

昔の建物を保っています。 옛 건물을 보전하고 있습니다.

6학년

存
있다 **존**
6획

음 ▶ **そん / ぞん**

共存 공존　保存 보존

自然との共存を考えるべきです。 자연과의 공존을 생각해 봐야 합니다.

伝統を保存してください。 전통을 보존해 주세요.

3학년

重
무겁다 **중**
9획

음 ▶ **じゅう / ちょう**

重量 중량　重量挙げ 역도　重視 중시　貴重 귀중

훈 ▶ **え / おもい / かさなる / かさねる**

二重まぶた 쌍꺼풀　重い 무겁다　重なる 겹쳐지다　重ねる 겹치다

重量挙げは筋肉にいいです。 역도는 근육에 좋습니다.

重い物を持たないでください。 무거운 물건을 들지 마세요.

5학년

複
겹치다 **복**
14획

음 ▶ **ふく**

重複 중복　複雑 복잡　複写 복사　複数 복수　複製 복제

重複しないようにしてください。 중복하지 않도록 해 주세요.

人の作品を複写してはいけません。 남의 작품을 복사해서는 안 됩니다.

酸

5학년
초 **산**
14획

음 さん
塩酸 염산 酸性 산성

훈 すい
酸い 시다 酸っぱい 시다

レモンは酸性です。 레몬은 산성입니다.
レモンは酸っぱいです。 레몬은 (맛이) 십니다.

化

5학년
되다 **화**
4획

음 か / け
化石 화석 情報化 정보화 化粧 화장 酸化 산화

훈 ばける / ばかす
化ける 둔갑하다 化かす 홀리다

化粧をしていない素顔です。 화장을 하지 않은 맨얼굴입니다.
鬼に化けてしまいました。 귀신으로 둔갑해 버렸습니다.

容

5학년
얼굴 **용**
10획

음 よう
容易 용이 形容 형용 内容 내용

その問題は容易ではありません。 그 문제는 용이하지 않습니다.
内容が確認できません。 내용을 확인할 수 없습니다.

積

4학년
쌓다 **적**
16획

음 せき
積雪量 적설량 面積 면적 容積 용적

훈 つむ / つもる
積む 쌓다, 싣다 積もる 쌓이다

面積を広めます。 면적을 넓힙니다.
トラックに荷物を積んでいます。 트럭에 짐을 싣고 있습니다.

直 곧다 직 8획

음 ▶ **ちょく / じき**
直接 직접　直言 직언　正直 정직 솔직

훈 ▶ **ただちに / なおす / なおる**
直ちに 곧, 바로　直す 바로잡다　直る 바로잡히다

直接、行ってください。 직접 가세요.
姿勢を直してください。 자세를 고쳐 주세요.

径 지름길 경 8획

음 ▶ **けい**
径路 경로　直径 직경

目標地点までの径路を地図にしました。
목표 지점까지의 경로를 지도로 만들었습니다.
直径を量ってみます。 직경을 재 보세요.

近 가깝다 근 7획

음 ▶ **きん**
近所 근처　最近 최근　接近 접근

훈 ▶ **ちかい**
近い 가깝다

最近、景気が悪いです。 최근에 경기가 나쁩니다.
この近くに銀行があります。 이 근처에 은행이 있습니다.

似 같다 사 7획

음 ▶ **じ**
類似 유사　近似 근사

훈 ▶ **にる**
似る 비슷하다, 닮다

類似単語を調べてください。 유사 단어를 조사해 주세요.
彼は母に似ています。 그는 어머니를 닮았습니다.

帳

3학년

휘장 **장**
[11획]

음 **ちょう**

手帳 수첩　通帳 통장

手帳にメモをします。 수첩에 메모를 하겠습니다.
銀行通帳を作りました。 은행 통장을 만들었습니다.

幕

6학년

장막 **막**
[13획]

음 **まく / ばく**

開幕 개막　序幕 서막　除幕 제막　天幕 천막　幕間 막간
閉幕 폐막　帳幕 장막

開幕式の入場券を買いました。 개막식 입장권을 샀습니다.
来週の日曜日には閉幕式があります。

다음 주 일요일에는 폐막식이 있습니다.

模

6학년

법 **모**
[14획]

음 **も**

規模 규모　模擬 모의　模造 모조

大きい規模で建設しています。 큰 규모로 건설하고 있습니다.
そのダイヤは模造品です。 그 다이아몬드는 모조품입니다.

様

3학년

모양 **양**
[14획]

음 **よう**

模様 무늬, 상황　様式 양식　様態 양태

훈 **さま**

様 모양, 상태

模様がきれいです。 무늬가 예쁩니다.
奥様によろしく。 부인에게 안부 전해 주세요.

5학년

墓
무덤 **묘**
13획

음 ▶ ぼ
ぼ　ち
墓地 묘지

훈 ▶ はか
はか　　　　　はかまい
墓 묘지　墓参り 성묘

ぼ　ち　　ざっそう　　おお
墓地に雑草が多いです。 묘지에 잡초가 많습니다.
はかまい
墓参りをしてきました。 성묘를 하고 왔습니다.

6학년

穴
구멍 **혈**
5획

음 ▶ けつ
けいけつ　　　　ぼ　けつ
経穴 경혈　墓穴 무덤 구멍

훈 ▶ あな
あな
穴 구멍

ぼ　けつ　　ほ
墓穴を掘っています。 무덤을 파고 있습니다.
かべ　　あな
壁に穴ができました。 벽에 구멍이 생겼습니다.

4학년

必
반드시 **필**
5획

음 ▶ ひつ
ひっしょう　　　　ひっしゅう　　　ひつぜん
必勝 필승　必修 필수　必然 필연

훈 ▶ かならず
かなら
必ず 필히

えい　ご　　　ひっしゅうか　もく
英語は必修科目です。 영어는 필수과목입니다.
かなら　　せいこう
必ず成功します。 필히 성공하겠습니다.

6학년

至
이르다 **지**
6획

음 ▶ し
し　きゅう　　　　し　じょう　　　ひっ　し
至急 지급　至上 지상　必至 필지

훈 ▶ いたる
いた
至る 이르다, 도달하다

し　きゅう　　　　　ねが
至急でお願いします。 지급으로 부탁합니다.
やま　　ちょうじょう　　いた
山の頂上に至りました。 산 정상에 도달했습니다.

系

계통 **계**

7획

음 ▶ **けい**

直系 직계 家系 집안

体の弱い家系です。 몸이 약한 집안입니다.
直系の家族です。 직계 가족입니다.

列

줄 **열**
벌이다 **렬**

6획

음 ▶ **れつ**

列挙 열거 列車 열차 系列 계열

훈 ▶ **つらなる / つらねる**

列なる 줄지어 있다 列ねる 잇달다, 동반하다

tip
「列(つら)なる・列(つら)ねる」는「連(つら)なる・連(つら)ねる」로도 표기한다.

例をすべて列挙するには限界があります。

예를 모두 열거하기에는 한계가 있습니다.
列に列なって順番を待ちます。 줄을 서서 순서를 기다립니다.

源

근원 **원**

13획

음 ▶ **げん**

財源 재원 資源 자원

훈 ▶ **みなもと**

源 근원

韓国は天然資源に乏しい国です。 한국은 천연 자원이 부족한 나라입니다.
事件の源が分かりました。 사건의 근원을 알았습니다.

泉

샘 **천**

8획

음 ▶ **せん**

温泉 온천 源泉 원천 泉水 샘물

훈 ▶ **いずみ**

泉 샘

至るところに温泉があります。 도처에 온천이 있습니다.
泉の水が流れています。 샘물의 물이 흐르고 있습니다.

6학년

秘
숨기다 **비**
10획

음 ひ

ひ みつ   みっ し
秘密 비밀　密使 밀사

훈 ひめる

ひ
秘める 숨기다, 비밀히 하다

ひ みつぶんしょ   かく
秘密文書を隠しています。 비밀 문서를 숨기고 있습니다.
ひ   なん
秘めていることは何にもありません。 숨기고 있는 것은 아무것도 없습니다.

6학년

蔵
감추다 **장**
15획

음 ぞう

だいぞうきょう   ど ぞう   まいぞう   ひ ぞう
大蔵経 대장경　土蔵 토장　埋蔵 매장　秘蔵 비장

훈 くら

くら
蔵 창고

せき ゆ   まいぞうりょう   しら
石油の埋蔵量を調べています。 석유 매장량을 조사하고 있습니다.
くら   た
蔵が建ちました。 창고가 지어졌습니다.

6학년

聖
성스럽다 **성**
13획

음 せい

せいじん   しんせい   せい か   せい ぼ
聖人 성인　神聖 신성　聖火 성화　聖母 성모

しんせい   す
神聖なところでたばこを吸わないでください。

신성한 곳에서 담배를 피우지 마세요.
せい か   も
オリンピックの聖火が燃えています。 올림픽 성화가 타고 있습니다.

6학년

誕
나다 **탄**
15획

음 たん

せいたんさい   たんじょう び
聖誕祭 성탄절　誕生日 생일

せいたんさい   か   よ
聖誕祭と書いてクリスマスとも読みます。

성탄제라고 쓰고 크리스마스라고도 읽습니다.
たんじょう び   いわ
誕生日を祝っています。 생일을 축하하고 있습니다.

6학년

簡

대쪽 **간**
[18획]

음 **かん**

簡易 간이　簡略 간략　書簡 서한, 편지

예외 料簡 (좋지 않은)생각, 마음

tip
「かん」으로 발음되고 생김새가 비슷하여 혼동하기 쉬운 한자 「間」, 「関」, 「閑」도 함께 알아두자.

簡易トイレはありません。간이 화장실은 없습니다.

手続きが簡略化されました。수속이 간략화 되었습니다.

4학년

単

홑 **단**
[9획]

음 **たん**

単位 단위　単語 단어　単身 단신　簡単 간단

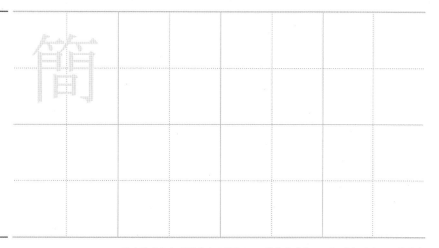

単語を暗記してください。단어를 암기해 주세요.

単身で生活をしています。단신으로 생활하고 있습니다.

 가장 복잡한 한자 따라 써보기

획순을 보고 따라 써 봅시다.

대쪽 **간**

※한자의 획순은 왼쪽에서 오른쪽으로, 위에서 아래로 쓰는 것을 기본으로 합니다.

다음 한자의 알맞은 음에 동그라미 해 보세요.

❶ 模
모 | 양

❷ 簡
간 | 문

❸ 必
필 | 심

❹ 源
원 | 천

❺ 泉
원 | 천

❻ 容
용 | 욕

❼ 積
축 | 적

❽ 聞
간 | 문

❾ 保
보 | 존

❿ 幕
묘 | 막

逆	刀	拾	坂	以	照
거스르다 **역**	칼 **도**	줍다 **습**	비탈 **판**	써 **이**	비치다 **조**
弁	刷	余	接	続	慣
고깔 **변**	인쇄하다 **쇄**	남다 **여**	사귀다 **접**	잇다 **속**	익숙하다 **관**
敵	賛	確	否	並	届
원수 **적**	돕다 **찬**	확실하다 **확**	아니다 **부**	나란히 **병**	이르다/신고하다 **계**
干	供	拝	垂	洗	染
방패 **간**	이바지하다 **공**	절 **배**	늘어지다 **수**	씻다 **세**	물들이다 **염**
宝	丸	短	固	圧	当
보배 **보**	둥글다 **환**	짧다 **단**	단단하다 **고**	누르다 **압**	마땅하다 **당**
巻					
굽다 **권**					

逆
거스르다 **역**
5학년
9획

음 ぎゃく
逆行 역행　逆転 역전

훈 さか / さからう
逆さま 거꾸로 됨　逆らう 반항하다, 거역하다

最後に逆転しました。 마지막에 역전했습니다.
親の話を逆らっています。 부모 말을 거역하고 있습니다.

刀
칼 **도**
2학년
2획

음 とう
短刀 단도

훈 かたな
刀 큰 칼

短刀を身につけています。 단도를 몸에 지니고 있습니다.
刀を抜いて構えています。 칼을 빼고 자세를 취하고 있습니다.

拾
줍다 **습**
3학년
9획

음 しゅう / じゅう
拾得 습득　拾 10(수표 등 은행권에서 十을 대신해 사용하는 한자)

훈 ひろう
拾う 줍다

忘れ物を拾得しました。 분실물을 습득했습니다.
拾ったものは返してください。 주운 물건은 돌려 주세요.

> **tip**
> 수표 등 은행권에서 금액을 표기할 때에는 숫자를 壱(いち)・弐(に)・参(さん)・拾(じゅう)로 달리 쓰기도 한다.

坂
비탈 **판**
3학년
7획

음 はん
急坂 가파른 비탈

훈 さか
坂 비탈길　坂道 비탈길　下り坂 내리막길

急坂を登って疲れました。 가파른 비탈길을 올라와서 피곤합니다.
下り坂はすべりやすいです。 내리막길은 미끄러지기 쉽습니다.

以

4학년

써 **이**

5획

음 ▶ い

以上 이상 以心伝心 이심전심 以前 이전

훈 ▶ もって

以て ~의 이유로, ~의 시점에

これ以上は無理です。 이 이상은 무리입니다.

今日を以て閉店させていただきます。 오늘을 끝으로 폐점하겠습니다.

照

4학년

비치다 **조**

13획

음 ▶ しょう

参照 참조 照明 조명 対照 대조

훈 ▶ てらす / てる / てれる

照らす 비추다 照る 비치다 照れる 부끄러워 하다

これと対照的です。 이것과 대조적입니다.

電灯で照らしています。 전등으로 비추고 있습니다.

弁

5학년

고깔 **변**

5획

음 ▶ べん

代弁 대변 弁護士 변호사 弁別 변별 弁論 변론

弁護士として代弁します。 변호사로서 대변하겠습니다.

弁護士の弁論を認めます。 변호사의 변론을 인정합니다.

刷

4학년

인쇄하다 **쇄**

8획

음 ▶ さつ

印刷 인쇄 刷新 쇄신

훈 ▶ する

刷る 박다, 인쇄하다

印刷がきれいにできました。 인쇄가 깨끗하게 되었습니다.

チラシを刷っています。 전단지를 인쇄하고 있습니다.

余 남다 여
5학년 · 7획

음 よ
余分 여분　余計 쓸데없음, 도를 넘음

훈 あまる / あます
余る 남다　余す 남기다

余計なお世話です。 쓸데없는 참견입니다.
余ったものは捨てないでください。 남은 것은 버리지 마세요.

接 사귀다 접
5학년 · 11획

음 せつ
引接 인접　接触 접촉

훈 つぐ
接ぐ 접목하다

接触事故を起こしました。 접촉 사고를 일으켰습니다.
足の骨を接ぎます。 다리뼈를 잇습니다.

続 잇다 속
4학년 · 13획

음 ぞく
接続 접속　連続 연속

훈 つづく
続く 계속되다　続ける 계속하다

インターネットが接続されました。 인터넷이 접속되었습니다.
続いてやってください。 계속해 주세요.

慣 익숙하다 관
5학년 · 14획

음 かん
慣行 관행　慣習 관습　習慣 습관

훈 ならす / なれる
慣らす 순응시키다　慣れる 익숙하다

日本とは慣習が違います。 일본과는 관습이 다릅니다.
日本の生活に慣れてきました。 일본 생활에 익숙해 졌습니다.

敵

5학년
원수 **적**
15획

음▶ **てき**
敵意 적의　敵手 적수

훈▶ **かたき**
敵 적, 원수

私の敵手ではありません。 내 적수가 아닙니다.
親の敵を討ちます。 부모의 원수를 갚습니다.

賛

5학년
돕다 **찬**
15획

음▶ **さん**
賛成 찬성　賛美 찬미　絶賛 절찬

万丈一致で賛成です。 만장일치로 찬성입니다.
新刊が絶賛に売れています。 신간이 절찬리에 판매되고 있습니다.

確

5학년
확실하다 **확**
15획

음▶ **かく**
確実 확실　確認 확인　確立 확립

훈▶ **たしか / たしかめる**
確かだ 확실하다　確かめる 확인하다

確実に約束を守ります。 확실하게 약속을 지키겠습니다.
彼は確かな人です。 그는 확실한 사람입니다.

否

6학년
아니다 **부**
7획

음▶ **ひ**
否定 부정　否認 부인

훈▶ **いな**
否 아니, 부정

否定できません。 부정할 수 없습니다.
事実か否かはっきりしていません。 사실인가 아닌가 확실하지 않습니다.

並

나란히 **병**
8획

음 ▶ へい

へいこう へいれつ
並行 병행 並列 병렬

훈 ▶ なみ / ならべる / ならぶ / ならびに

ひと な なら
人並み 남들과 같은 정도 並べる (일렬로)늘어놓다
なら なら
並ぶ 나란히 서다 並びに 및, 또

へいれつ なら
並列に並べてください。 병렬로 나열해 주세요.
ひと な せいかつ
人並みの生活をしています。 남들 만큼의 생활을 하고 있습니다.

届

이르다/신고하다 **계**
8획

훈 ▶ とどく / とどける

とど とど
届く 닿다, 도달하다 届ける 보내다, 닿게 하다 欠席届 결석계
けっせきとどけ
欠席届

て がみ とど
手紙が届きました。 편지가 왔습니다.
けっせきとどけ だ
欠席届を出してください。 결석계를 제출해 주세요.

干

방패 **간**
3획

음 ▶ かん

かんしょう
干支(えと・かんし) 십이간지 干渉 간섭

훈 ▶ ほす

ほ
干す 말리다

かんしょう
干渉しないでください。 간섭하지 마세요.
せんたくもの ほ
洗濯物を干します。 세탁물을 말립니다.

供

이바지하다 **공**
8획

음 ▶ きょう / く

きょうきゅう きょうじゅつ く よう
供給 공급 供述 진술 供養 공양

훈 ▶ そなえる / とも

そな ともばたら
供える 바치다, 올리다 共働き 맞벌이

しょくりょう きょうきゅう う
食糧の供給を受けています。 식량 공급을 받고 있습니다.
しんぜん そな
神前に供えました。 신전에 바쳤습니다.

6학년

拝

절 **배**

8획

음 ▶ はい

参拝 참배　礼拝 예배

훈 ▶ おがむ

拝む 절하다, 빌다

神社へ行って参拝をしました。 신사에 가서 참배를 했습니다.
成功を拝みました。 성공을 빌었습니다.

6학년

垂

늘어지다 **수**

8획

음 ▶ すい

垂直 수직　垂涎 수연

훈 ▶ たれる / たらす

垂れる 늘어지다, 매달리다　垂らす 늘어뜨리다

垂直に穴を開けてください。 수직으로 구멍을 뚫어 주세요.
後髪が垂れています。 뒷머리가 늘어져 있습니다.

6학년

洗

씻다 **세**

9획

음 ▶ せん

水洗式 수세식　洗濯 세탁

훈 ▶ あらう

洗う 씻다

洗濯機で洗濯をしています。 세탁기로 세탁을 하고 있습니다.
手を洗っています。 손을 씻고 있습니다.

6학년

染

물들이다 **염**

9획

음 ▶ せん

感染 감염　伝染 전염

훈 ▶ そめる

染める 염색하다

人の感情も感染します。 사람의 감정도 감염됩니다.
髪を染めました。 머리를 염색했습니다.

宝

6학년

보배 **보**

8획

음 ▶ ほう
家宝 가보　国宝 국보　宝石 보석

훈 ▶ たから
宝 보물　宝くじ 복권　宝島 보물섬

息子はうちの家宝です。 아들은 우리 가보입니다.
宝を探しています。 보물을 찾고 있습니다.

丸

2학년

둥글다 **환**

3획

음 ▶ がん
丸薬 알약

훈 ▶ まる / まるい / まるめる
丸ごと 통째　日の丸 일장기　丸い 둥글다　丸める 둥글게 하다

丸薬を飲んでください。 알약을 드세요.
日の丸は日本の国旗です。 일장기는 일본의 국기입니다.

tip
「まるい」로 발음되는 「丸い」와 「円い」도 병행해서 알아두자.

短

3학년

짧다 **단**

12획

음 ▶ たん
短期 단기　短所 단점　短縮 단축　短編 단편

훈 ▶ みじかい
短い 짧다

短所のない人はいません。 단점이 없는 사람은 없습니다.
少し短くしてください。 조금 짧게 해 주세요.

固

4학년

단단하다 **고**

8획

음 ▶ こ
堅固 견고　固定 고정

훈 ▶ かたい / かたまる / かためる
固い 딱딱하다　固まる 굳다　固める 굳히다

しっかり固定されています。 단단히 고정되어 있습니다.
出馬の決意を固めました。 출마하기로 결심을 다졌습니다.

tip
「かたい」로 발음되는 「固い」, 「堅い」, 「硬い」, 「難い」 등도 병행해서 기억해두자.

圧

5학년

누르다 **압**

5획

음 ▶ **あつ**

圧力 압력 強圧 강압

強圧的な態度を取るのはよくないです。

강압적인 태도를 취하는 것은 좋지 않습니다.

圧力をかけないでください。 압력을 넣지 마세요.

当

2학년

마땅하다 **당**

6획

음 ▶ **とう**

当日 당일 当面 당면

훈 ▶ **あたる**

当たる 맞다

当日になっても連絡が来ませんでした。

당일이 되어도 연락이 오지 않았습니다.

宝くじが当たりました。 복권이 당첨되었습니다.

巻

6학년

굽다 **권**

9획

음 ▶ **かん**

席巻 석권

훈 ▶ **まく / まき**

巻く 감다, 말다 巻 두루마리 서적

世界選手権を席巻しました。 세계 선수권을 석권했습니다.

カメラのフィルムを巻きました。 카메라 필름을 감았습니다.

정답 p.337

아래에서 단어가 되는 한자의 짝을 찾아 빈 칸에 써 보세요.

丸　力　印
宝　賛　定　得
並　習　続

① 圧 ☐
② 固 ☐
③ 慣 ☐
④ 拾 ☐
⑤ 連 ☐

⑥ ☐ 薬
⑦ ☐ 列
⑧ ☐ 成
⑨ ☐ 刷
⑩ ☐ 石

的	非	句	然	民	成
과녁 **적**	아니다 **비**	구절 **구**	그렇다 **연**	백성 **민**	이루다 **성**
性	夢	歸	持	息	相
성품 **성**	꿈 **몽**	돌아가다 **귀**	가지다 **지**	숨쉬다 **식**	서로 **상**
飛	製	棒	割	盟	蒸
날다 **비**	만들다 **제**	막대 **봉**	가르다 **할**	맹세 **맹**	김 오르다 **증**
暮	鋼	操	刊	盛	從
저물다 **모**	강철 **강**	잡다 **조**	깎다 **간**	성하다 **성**	따르다 **종**
落	械	独	賀		
떨어지다 **락**	기계 **계**	홀로 **독**	축하 **하**		

4학년

的
과녁 **적**
8획

음 てき
こうてき　してき　てきちゅう
公的 공적　私的 사적　的中 적중

훈 まと
まと
的 과녁, 목표

よそう　てきちゅう
予想が的中しました。 예상이 적중했습니다.
や　まと　む
矢が的を向かっています。 화살이 과녁을 향하고 있습니다.

5학년

非
아니다 **비**
8획

음 ひ
ひ こうかい　ひ じょうぐち
非公開 비공개　非常口 비상구

훈 あらず
あら
非ず 그렇지 않다.

ひ こうかい　かいだん　おこな
非公開の会談が行われました。 비공개 회담이 진행되었습니다.
か のうせい　あら
可能性はなきにしも非ずです。 가능성이 없는 것도 아닙니다.

5학년

句
구절 **구**
5획

음 く
く とうてん　ご く　もん く
句読点 구두점　語句 어구　文句 불평, 문구

ぶんしょう　わ　　　　　く とうてん　き
文章が分かりやすいように句読点を切りなさい。 문장을 알기 쉽게 구두점을 찍으세요.
もん く　い
文句を言わないでください。 불평을 말하지 마세요.

4학년

然
그렇다 **연**
12획

음 ぜん
し ぜん　とうぜん
自然 자연　当然 당연

し ぜん　あい
自然を愛します。 자연을 사랑합니다.
とうぜん
それは当然なことです。 그것은 당연한 일입니다.

民

4학년

백성 **민**

5획

음 ▸ **みん**

こくみん 国民 국민　じんみん 人民 인민　のうみん 農民 농민

훈 ▸ **たみ**

たみ 民 백성

こくみんてき にんき
国民的な人気です。 국민적인 인기입니다.
たみ こえ き
民の声を聞いてください。 백성의 소리를 들어 주세요.

成

4학년

이루다 **성**

6획

음 ▸ **せい / じょう**

せいこう 成功 성공　せいちょう 成長 성장　じょうぶつ 成仏 성불

훈 ▸ **なる / なす**

な な
成る 되다　成す 이루다

じっけん せいこう
実験に成功しました。 실험에 성공하였습니다.
せんせい な
先生に成りました。 선생님이 되었습니다.

性

5학년

성품 **성**

8획

음 ▸ **せい / しょう**

せいかく 性格 성격　せいしつ 性質 성질　りせい 理性 이성　あいしょう 相性 상성　こんじょう 根性 근성

かれ せいかく あか
彼の性格は明るいです。 그의 성격은 명랑합니다.
かのじょ あいしょう
彼女とは相性がいいです。 그녀와는 서로 잘 맞습니다.

夢

5학년

꿈 **몽**

13획

음 ▸ **む**

むそう 夢想 몽상

훈 ▸ **ゆめ**

ゆめ 夢 꿈

むそう お
夢想で終わらせてください。 몽상으로 끝내 주세요.
じつげん ゆめ も
実現できる夢を持ってください。 실현할 수 있는 꿈을 가지세요.

帰 돌아가다 귀 (10획) — 2학년

음 ▶ き
帰順 귀순　復帰 복귀

훈 ▶ かえる / かえす
帰る 돌아오(가)다　帰す 돌려보내다

辞めた会社に復帰しました。 그만둔 회사에 복귀했습니다.
お帰りなさい。 잘 다녀왔어요.

持 가지다 지 (9획) — 3학년

음 ▶ じ
所持 소지　持続 지속　持病 지병

훈 ▶ もつ
持つ 가지다, 들다

パスポートを所持してください。 패스포트를 소지해 주세요.
持っているお金が足りません。 갖고 있는 돈이 부족합니다.

息 숨쉬다 식 (10획) — 3학년

음 ▶ そく
終息 종식

훈 ▶ いき　息 숨

예외 息子 아들

もう戦争は終息されました。 이제 전쟁은 종식되었습니다.
息を整えて飛び降りました。 숨을 가다듬고 뛰어 내렸습니다.

相 서로 상 (9획) — 3학년

음 ▶ そう / しょう
観相 관상　真相 진상　相談 상담　手相 손금　首相 수상

훈 ▶ あい　相 서로　相手 상대

예외 相応しい 어울리다

友達に相談しました。 친구에게 상담했습니다.
相手の気持ちが分かります。 상대의 기분을 알겠습니다.

4학년

飛
날다 **비**
9획

음 **ひ**
飛行機(ひこうき) 비행기

훈 **とぶ / とばす**
飛(と)ぶ 날다　飛(と)ばす 날리다

飛行機(ひこうき)が離陸(りりく)しています。비행기가 이륙하고 있습니다.
トンボが空(そら)を飛(と)んでいます。잠자리가 하늘을 날고 있습니다.

5학년

製
만들다 **제**
14획

음 **せい**
製作(せいさく) 제작　製造(せいぞう) 세소　製薬(せいやく) 세약　外国製(がいこくせい) 외국제

製作(せいさく)にかかる費用(ひよう)を減(へ)らします。제작에 드는 비용을 줄이겠습니다.
製薬会社(せいやくかいしゃ)で営業(えいぎょう)を担当(たんとう)しています。제약 회사에서 영업을 담당하고 있습니다.

6학년

棒
막대 **봉**
12획

음 **ぼう**
鉄棒(てつぼう) 철봉　相棒(あいぼう) (일, 행동을 같이 하는) 짝, 파트너

鉄棒(てつぼう)で遊(あそ)んでいます。철봉으로 놀고 있습니다.
彼(かれ)の相棒(あいぼう)はあなたしかいません。그의 파트너는 당신밖에 없습니다.

6학년

割
가르다 **할**
12획

음 **かつ**
分割(ぶんかつ) 분할　割腹(かっぷく) 할복　分割払(ぶんかつばら)い 할부

훈 **わる / わり / われる / さく**
割(わ)る 나누다　割(わり) 비율　割(わ)れる 분열되다　割(さ)く 쪼개다

分割払(ぶんかつばら)いで買(か)いました。할부로 샀습니다.
割(わ)り勘(かん)にします。따로따로 지불하겠습니다.

盟

6학년

맹세 **맹**
13획

음 めい

加盟 가맹　血盟 혈맹　同盟 동맹　連盟 연맹

加盟国が団結しました。 가맹국이 단결했습니다.

韓国とアメリカは血盟関係です。 한국과 미국은 혈맹 관계입니다.

蒸

6학년

김 오르다 **증**
13획

음 じょう

水蒸気 수증기　蒸発 증발

훈 むす / むれる / むらす

蒸す 찌다　蒸れる 뜸들다　蒸らす 뜸들이다　蒸し暑い 무덥다

アルコールが蒸発して度数が低くなりました。 알콜이 증발해서 도수가 낮아 졌습니다.

天気が蒸し暑いです。 날씨가 찜통 더위입니다.

暮

6학년

저물다 **모**
14획

음 ぼ

歳暮 연말

훈 くらす / くれる

暮らす 살다, 지내다　暮れる 날이 저물다　夕暮れ 석양

歳暮セールをしています。 연말 세일을 하고 있습니다.

日が暮れています。 날이 저물고 있습니다.

鋼

6학년

강철 **강**
16획

음 こう

鋼管 강철관　鋼鉄 강철　製鋼 제강

훈 はがね

鋼 강철

神戸製鋼は日本一です。 고베 제강은 일본 제일입니다.

船は鋼で製造します。 배는 강철로 제조합니다.

操 잡다 조 16획 (6학년)

음> そう
操作 조작　体操 체조

훈> あやつる / みさお
操る 조종하다　操 지조

新しい機械を操作しています。 새로운 기계를 조작하고 있습니다.
彼は誰かに操られています。 그는 누군가에게 조종당하고 있습니다.

刊 깎다 간 5획 (5학년)

음> かん
刊行物 간행물　週刊 주간　創刊 창간　日刊 일간

週刊誌で読みました。 주간지에서 읽었습니다.
今日から創刊号が販売されます。 오늘부터 창간호가 판매됩니다.

盛 성하다 성 11획 (6학년)

음> せい / じょう
盛況 성황

훈> さかる / さかん / もる
盛る 번창하다　盛ん 왕성함　盛る 높이 쌓아 올리다

開店初日から大盛況です。 개점 첫날부터 대성황입니다.
茶わんにご飯を盛ります。 밥공기에 밥을 수북하게 담습니다.

従 따르다 종 10획 (6학년)

음> じゅう / しょう / じゅ
主従 주종　服従 복종　放従 방종　従三位 종삼품

훈> したがう / したがえる
従う 따르다, 복종하다　従える 거느리다

예외> 従兄弟 사촌(남)　従姉妹 사촌(여)

tip
いとこは 연령, 성별에 따라 従兄・従弟・従姉・従妹로 표기하기도 한다.

権力に服従する必要はありません。 권력에 복종할 필요는 없습니다.
命令に従います。 명령에 복종하겠습니다.

落

3학년

떨어지다 **락**

12획

음 ▶ **らく**

下落 하락　落書き 낙서

훈 ▶ **おちる**

落ちる 떨어지다

壁に落書きをしました。 벽에 낙서를 했습니다.
大学受験に落ちました。 대학 시험에 떨어졌습니다.

械

4학년

기계 **계**

11획

음 ▶ **かい**

機械 기계　器械 기기

機械が壊れました。 기계가 부서졌습니다.
医療器械の営業を担当しています。 의료 기기 영업을 담당하고 있습니다.

独

5학년

홀로 **독**

9획

음 ▶ **どく**

単独 단독　独身 독신　独断 독단

훈 ▶ **ひとり**

独り 혼자

예외 ▶ 独楽 팽이

まだ独身です。 아직 독신입니다.
独りで山登りをしました。 혼자서 등산을 했습니다.

賀

5학년

축하 **하**

12획

음 ▶ **が**

祝賀 축하　年賀状 연하장

祝賀することです。 축하할 일입니다.
友達に年賀状を書きました。 친구에게 연하장을 썼습니다.

다음 한자의 음과 뜻을 바르게 이어보세요.

❶ 独 ·

· 맹세 **맹**

❷ 從 ·

· 돌아가다 **귀**

❸ 盟 ·

· 이루다 **성**

❹ 帰 ·

· 그렇다 **연**

❺ 成 ·

· 따르다 **종**

❻ 相 ·

· 혼자 **독**

❼ 操 ·

· 서로 **상**

❽ 飛 ·

· 잡다 **조**

❾ 然 ·

· 날다 **비**

❿ 刊 ·

· 깎다 **간**

- 확인 문제 정답
- 총획색인

확인 문제 정답

1과 반대어 I (p. 15)

① 後
② 買
③ 下
④ 女
⑤ 旧
⑥ 左
⑦ 大
⑧ 出
⑨ 内
⑩ 勝

2과 반대어 II (p. 24)

① 悪
② 浅
③ 得
④ 富
⑤ 弱
⑥ 無
⑦ 低
⑧ 閉
⑨ 来
⑩ 終

3과 유의어 (p. 34)

① 가운데 중
② 정지하다 정
③ 재주 재
④ 차이 차
⑤ 살다 거
⑥ 뿌리 근
⑦ 모양 형
⑧ 바라다 희
⑨ 생각하다 사
⑩ 알다 지

4과 수와 단위 (p. 43)

① 번
② 율
③ 서
④ 척
⑤ 만
⑥ 조
⑦ 배
⑧ 원
⑨ 개
⑩ 매

5과 시간과 날짜 (p. 57)

① 間
② 久
③ 期
④ 末
⑤ 秒
⑥ 曜
⑦ 寸
⑧ 最
⑨ 現
⑩ 昼

6과 학교 (p. 69)

① 師
② 状
③ 席
④ 均
⑤ 習
⑥ 講

⑦ 先
⑧ 生
⑨ 学
⑩ 説

7과 사회 (p. 80)

① 안
② 구
③ 달
④ 품
⑤ 경
⑥ 편
⑦ 제
⑧ 축
⑨ 연
⑩ 신

8과 회사 (p. 93)

① 業
② 営
③ 勉
④ 訪
⑤ 対
⑥ 張
⑦ 益
⑧ 表
⑨ 令
⑩ 退

9과 경제 (p. 105)

① 근원 원
② 구리 동
③ 값 가

④ 지나치다 과

⑤ 인하다 인

⑥ 빽빽하다 밀

⑦ 열 열

⑧ 바꾸다 역 /쉽다 이

⑨ 장사하다 무

⑩ 보내다 수

④ 院

⑤ 送

⑥ 建

⑦ 倉

⑧ 研

⑨ 薬

⑩ 機

④ 성

⑤ 도

⑥ 암

⑦ 좌

⑧ 류

⑨ 독

⑩ 사

10과 정치 (p. 117)

① 방

② 협

③ 연

④ 선

⑤ 변

⑥ 통

⑦ 속

⑧ 전

⑨ 병

⑩ 각

13과 행동 (p. 148)

① 움직이다 동

② 쫓다 추

③ 구하다 구

④ 잃다 실

⑤ 살피다 찰

⑥ 들다 제

⑦ 짓다 조

⑧ 깨지다 파

⑨ 사납다 폭

⑩ 이야기 화

16과 계절과 날씨 (p. 177)

① 暖

② 気

③ 陽

④ 雨

⑤ 温

⑥ 寒

⑦ 季

⑧ 片

⑨ 冬

⑩ 風

11과 법 (p. 127)

① 罪

② 討

③ 認

④ 査

⑤ 律

⑥ 則

⑦ 員

⑧ 禁

⑨ 可

⑩ 止

14과 자연과 생활 I (p. 159)

① 메 산

② 잎 엽

③ 나물 채

④ 흐르다 류

⑤ 소 우

⑥ 호수 호

⑦ 얼음 빙

⑧ 뭍 륙

⑨ 앵두나무 앵

⑩ 꼭대기 정

17과 감각과 감정 (p. 189)

① 사례하다 사

② 형상 상

③ 맛 미

④ 특별하다 특

⑤ 다르다 별

⑥ 감동하다 감

⑦ 공경하다 경

⑧ 믿다 신

⑨ 깨닫다 각

⑩ 높다 존

12과 시설 (p. 137)

① 築

② 宅

③ 庁

15과 자연과 생활 II (p. 169)

① 탄

② 옥

③ 주

18과 공부 (p. 198)

① 本

② 史

③ 数

④ 力
⑤ 験
⑥ 答
⑦ 格
⑧ 語
⑨ 字
⑩ 紙

④ 光
⑤ 園
⑥ 参
⑦ 写
⑧ 予
⑨ 旅
⑩ 水

④ 示
⑤ 版
⑥ 評
⑦ 唱
⑧ 画
⑨ 術
⑩ 金

19과 신체 (p. 209)

① 体
② 折
③ 科
④ 己
⑤ 管
⑥ 呼
⑦ 心
⑧ 胃
⑨ 筋
⑩ 頭

22과 국가와 국민 (p. 240)

① 모
② 형
③ 양
④ 계
⑤ 대
⑥ 손
⑦ 처
⑧ 신
⑨ 유
⑩ 영

25과 의식주 I (p. 270)

① 복
② 단
③ 음
④ 지
⑤ 납
⑥ 정
⑦ 면
⑧ 옥
⑨ 당
⑩ 사

20과 건강 (p. 218)

① 산
② 시
③ 강
④ 사
⑤ 자
⑥ 두
⑦ 이
⑧ 험
⑨ 위
⑩ 부

23과 교통 (p. 249)

① 路
② 着
③ 札
④ 道
⑤ 流
⑥ 通
⑦ 客
⑧ 行
⑨ 台
⑩ 障

26과 의식주 II (p. 278)

① 보리 맥
② 완전하다 완
③ 헤아리다 료
④ 맑다 청
⑤ 깨끗하다 결
⑥ 둥글다 단
⑦ 소금 염
⑧ 창 창
⑨ 가루 분
⑩ 가지런하다 정

21과 여행과 스포츠 (p. 228)

① 球
② 雑
③ 備

24과 예술 (p. 261)

① 奏
② 曲
③ 楽

27과 사람 (p. 288)

① 臣
② 優
③ 者

④ 護
⑤ 象
⑥ 人
⑦ 士
⑧ 脈
⑨ 員
⑩ 衆

④ 得
⑤ 続
⑥ 丸
⑦ 並
⑧ 賛
⑨ 印
⑩ 宝

28과 방향과 장소 (p. 300)

① 市
② 域
③ 置
④ 西
⑤ 府
⑥ 場
⑦ 区
⑧ 漁
⑨ 都
⑩ 方

31과 그 외의 한자 Ⅱ (p. 331)

① 혼자 독
② 따르다 종
③ 맹세 맹
④ 돌아가다 귀
⑤ 이루다 성
⑥ 서로 상
⑦ 잡다 조
⑧ 날다 비
⑨ 그렇다 연
⑩ 깎다 간

29과 여러 가지 단어 (p. 312)

① 모
② 간
③ 필
④ 원
⑤ 천
⑥ 용
⑦ 적
⑧ 문
⑨ 보
⑩ 막

30과 그 외의 한자 Ⅰ (p. 322)

① 力
② 定
③ 習

외국어 출판 40년의 신뢰
외국어 전문 출판 그룹
동양북스가 만드는 책은 다릅니다.

40년의 쉼 없는 노력과 도전으로 책 만들기에 최선을 다해온 동양북스는
오늘도 미래의 가치에 투자하고 있습니다.
대한민국의 내일을 생각하는 도전 정신과 믿음으로 최선을 다하겠습니다.

📖 동양북스 추천 교재

일본어 교재의 최강자, 동양북스 추천 교재

회화 코스북

일본어뱅크 다이스키
STEP 1·2·3·4·5·6·7·8

일본어뱅크
좋아요 일본어 1·2·3·4·5·6

일본어뱅크 도모다찌
STEP 1·2·3

분야서

일본어뱅크
좋아요 일본어 독해 STEP 1·2

일본어뱅크
일본어 작문 초급

일본어뱅크
사진과 함께하는
일본 문화

일본어뱅크
항공 서비스 일본어

가장 쉬운 독학
일본어 현지회화

수험서

일취월장 JPT
독해·청해

일취월장 JPT
실전 모의고사 500·700

일단 합격하고 오겠습니다
JLPT 일본어능력시험
N1·N2·N3·N4·N5

일단 합격하고 오겠습니다
JLPT 일본어능력시험
실전모의고사 N1·N2·N3·N4/5

단어·한자

특허받은
일어 한자 암기박사

일본어 상용한자 2136
이거 하나면 끝!

일본어뱅크
좋아요 일본어 한자

가장 쉬운 독학
일본어 단어장

일단 합격하고 오겠습니다
JLPT 일본어능력시험
단어장 N1·N2·N3

중국어 교재의 최강자, 동양북스 추천 교재

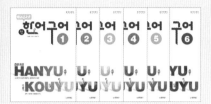

중국어뱅크 북경대학 신한어구어
1·2·3·4·5·6

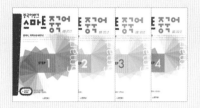

중국어뱅크 스마트중국어
STEP 1·2·3·4

중국어뱅크 집중중국어
STEP 1·2·3·4

중국어뱅크
뉴! 버전업 사진으로
보고 배우는 중국문화

중국어뱅크
문화중국어 1·2

중국어뱅크
관광 중국어 1·2

중국어뱅크
여행실무 중국어

중국어뱅크
호텔 중국어

중국어뱅크
판매 중국어

중국어뱅크
항공 실무 중국어

정반합 新HSK
1급·2급·3급·4급·5급·6급

일단 합격 新HSK 한 권이면 끝
3급·4급·5급·6급

버전업! 新HSK
VOCA 5급·6급

가장 쉬운 독학
중국어 단어장

중국어뱅크
중국어 간체자 1000

특허받은
중국어 한자 암기박사

📖 동양북스 추천 교재

중고급 학습

첫걸음 끝내고 보는
프랑스어
중고급의 모든 것

첫걸음 끝내고 보는
스페인어
중고급의 모든 것

첫걸음 끝내고 보는
독일어
중고급의 모든 것

첫걸음 끝내고 보는
태국어
중고급의 모든 것

첫걸음 끝내고 보는
베트남어
중고급의 모든 것

단어장

버전업! 가장 쉬운
프랑스어 단어장

버전업! 가장 쉬운
스페인어 단어장

버전업! 가장 쉬운
독일어 단어장

가장 쉬운 독학
베트남어 단어장

여행 회화

NEW 후다닥
여행 중국어

NEW 후다닥
여행 일본어

NEW 후다닥
여행 영어

NEW 후다닥
여행 독일어

NEW 후다닥
여행 프랑스어

NEW 후다닥
여행 스페인어

NEW 후다닥
여행 베트남어

NEW 후다닥
여행 태국어

수험서 · 교재

한 권으로 끝내는 DELE
어휘 · 쓰기 · 관용구편 (B2~C1)

수능 기초 베트남어
한 권이면 끝!

버전업!
스마트 프랑스어

일단 합격하고 오겠습니다
독일어능력시험
A1 · A2 · B1 · B2